रामायण : संदरकाण्ड और युध्दकाण्ड COLOR

विवेक कुमार पांडे शंभुनाथ

ISBN 979-888591316-4

क्रम-सूची

प्रस्तावना

इस किताब में रामायण युध्द काण्ड और सुंदर काण्ड संक्षेप में लिखा गया है। इस किताब को लिखने के दौरान कोई भी धर्म और कोई भी जाती एवम किसी भी परिवार के सदस्य को नुकसान नहीं पहुंचा या गया है.। इस किताब को लिखे है श्री विवेक कुमार पांडे शंभुनाथ जी ने.।

भूमिका

मेरा नाम विवेक कुमार पांडे है और मैं एक लेखक हु , मैं गुजरात के सुरत में निवास करता हूं.मेरा जन्म ३० सेप्टेंबर को २००२ में हुआ था, और मुझे बचपन से एक्टर बनने का सोख रहा है और अभी भी है.। मैं कभी ये नहीं सोचता की लोग क्या कर रहे हैं मैं ये सोचता हूं कि मैं क्या कर रहा हूं, मैं आज सफल हूं तो अपने पापा की वजह से आज वो रहते तो उन्हें बहुत खुशी होती , वो सदा और हमेशा मेरे साथ रहेंगे.।

1

रामायण युध्दकाण्ड

- समुद्र पार करने की चिन्ता - युद्धकाण्ड

हनुमान के मुख से सीता का समाचार पाकर रामचन्द्र जी अत्यन्त प्रसन्न हुये और कहने लगे, हनुमान ने बहुत भारी कार्य किया है भूतल पर ऐसा कार्य होना कठिन है। इस महासागर को लाँघ सकने की क्षमता गरुड़, वायु और हनुमान को छोड़कर किसी दूसरे में नहीं है। देवताओं, राक्षसों, यक्षों, गन्धर्वों तथा दैत्यों द्वारा रक्षित लंका में प्रवेश करके उसमें से सुरक्षित निकल आना केवल हनुमान के लिये ही सम्भव है। इन्होंने समुद्र-लंघन आदि कार्यों के द्वारा अपने पराक्रम के अनुरूप बल प्रकट कर के एक सच्चे सेवक के योग्य सुग्रीव का बहुत बड़ा कार्य सम्पन्न किया है। स्वामी द्वारा दिये गये कार्य को सेवक उत्साह तथा लगन से पूरा करे तो वह श्रेष्ठ होता है। जो सेवक कार्य तो पूर्ण कर दे, किन्तु बिना किसी उत्साह के पूरा करे, वह मध्यम होता है और आज्ञा पाकर भी कार्य न करने वाला सेवक अधम कहलाता है। हनुमान ने स्वामी के एक कार्य में नियुक्त होकर उसके साथ ही दूसरे महत्वपूर्ण कार्यों को भी पूरा किया है और सुग्रीव को पूर्णतः सन्तुष्ट कर दिया है। आज मेरे पास पुरस्कार देने योग्य वस्तु का अभाव है। यह बात मेरे मन कसक उत्पन्न कर रही है कि यहाँ जिसने मुझे ऐसा प्रिय संवाद सुनाया, उसका मैं कोई वैसा ही प्रिय कार्य नहीं कर पा रहा हूँ। अतः इस समय मैं इन महात्मा हनुमान को केवल अपना प्रगाढ़ आलिंगन प्रदान अपना सर्वस्व इसे समर्पित करता हूँ।

ऐसा कहते-कहते श्री रामचन्द्र जी के अंग-प्रत्यंग प्रेम से पुलकित हो गये और उन्होंने अपनी आज्ञा के पालन में सफलता पाकर लौटे हुए पवित्रात्मा हनुमान जी को हृदय से लगा लिया।

फिर थोड़ी देर तक विचार करके रामचन्द्र जी ने सुग्रीव से कहा, हे वानरराज! जानकी की खोज का कार्य तो सुचारुरूप से सम्पन्न हो गया किन्तु समुद्र की दुस्तरता का विचार करके मेरे मन का उत्साह पुनः नष्ट हो रहा है। महान जलराधि से परिपूर्ण समुद्र को पार करना

अत्यन्त कठिन है। यह कार्य कैसे हो पायेगा?

राम को इस प्रकार चिन्तित देख सुग्रीव ने कहा, वीरवर! आप दूसरे साधारण मनुष्यों की भाँति क्यों सन्ताप कर रहे हैं? जैसे कृतघ्न पुरुष सौहार्द्रे को त्याग देता है उसी प्रकार से आप भी इस सन्ताप को त्याग दें। जब सीता जी का पता लग गया है तो मुझे आपके इस दुःख और चिन्ता का कोई कारण नहीं दिखाई देता। मेरी वानर सेना की वीरता और पराक्रम के सामने यह समुद्र बाधा बन कर खड़ा नहीं हो सकता। हम समुद्र पर पुल बना कर उसे पार करेंगे। परिश्रम और उद्योग से कौन सा कार्य सिद्ध नहीं हो सकता? हमें कायरों की भाँति समुद्र को बाधा मान निराश होकर नहीं बैठना चाहिये।

सुग्रीव के उत्साहपूर्ण शब्दों से सन्तुष्ट होकर राघव हनुमान से बोले, हे वीर हनुमान! कपिराज सुग्रीव की पुल बनाने की योजना से मैं सहमत हूँ। यह कार्य शीघ्र आरम्भ हो जाये, ऐसी व्यवस्था तो सुग्रीव कर ही देंगे। इस बीच तुम मुझे रावण की सेना, उसकी शक्ति, युद्ध कौशल, दुर्गों आदि के विषय में विस्तृत जानकारी दो। मुझे विश्वास है कि तुमने इन सारी बातों का अवश्य ही विस्तारपूर्वक अध्ययन किया होगा। तुम्हारी विश्लेषण क्षमता पर मुझे पूर्ण विश्वास है।

रघुनाथ जी का आदेश पाकर पवनपुत्र हनुमान ने कहा, हे सीतापते! लंका जितनी ऐश्वर्य तथा समृद्धि से युक्त है, उतनी ही वह विलासिता में डूबी हुई भी है। सैनिक शक्ति उसकी महत्वपूर्ण है। उसमें असंख्य उन्मत्त हाथी, रथ और घोड़े हैं। बड़े-बड़े पराक्रमी योद्धा सावधानी से लंकापुरी की रक्षा करते हैं। उस विशाल नगरी के चार बड़े-बड़े द्वार हैं। प्रत्येक द्वार पर ऐसे शक्तिशाली यन्त्र लगे हुये हैं जो लाखों की संख्या में आक्रमण करने वाले शत्रु सैनिकों को भी द्वार से दूर रखने की क्षमता रखते हैं। इसके अतिरिक्त प्रत्येक द्वार पर अनेक बड़ी-बड़ी शतघनी (तोप) रखी हुई हैं जो विशाल गोले छोड़ कर अपनी अग्नि से समुद्र जैसी विशाल सेना को नष्ट करने की सामर्थ्य रखती है। लंका को और भी अधिक सुरक्षित रखने के लिये उसके चारों ओर अभेद्य स्वर्ण का परकोटा खींचा गया है। परकोटे के साथ-साथ गहरी खाइयाँ खुदी हुई हैं जो अगाध जल से भरी हुई हैं। उस जल में नक्र, मकर जैसे भयानक हिंसक जल-जीव निवास करते हैं। परकोटे पर थोड़े-थोड़े अन्तर से बुर्ज बने हुये हैं। उन पर विभिन्न प्रकार के विचित्र किन्तु शक्तिशाली यन्त्र रखे हुये हैं। यदि किसी प्रकार से शत्रु के सैनिक परकोटे पर चढ़ने में सफल हो भी जायें तो ये यन्त्र अपनी चमत्कारिक शक्ति से उन्हें खाई में धकेल देते हैं। लंका के पूर्वी द्वार पर दस सहस्त्र पराक्रमी योद्धा शूल तथा खड्ग लिये सतर्कतापूर्वक पहरा देते हैं। दक्षिण द्वार पर एक लाख योद्धा अस्त्र-शस्त्रों से सुसज्जित होकर सदैव सावधानी की मुद्रा में खड़े रहते हैं। उत्तर और पश्चिम के द्वारों पर भी सुरक्षा की ऐसी ही व्यवस्था है। इतना सब कुछ होते हुये भी आपकी कृपा से मैंने उनकी शक्ति काफी क्षीण कर दी है क्योंकि जब रावण ने मेरी पूँछ में कपड़ा लपेट कर आग लगवा दी थी तो मैंने उसी जलती हुई पूँछ से लंका के दुर्गों को या तो समूल नष्ट कर दिया या उन्हें अपार क्षति पहुँचाई है। अनेक यन्त्रों की दुर्दशा कर दी है और कई बड़े-बड़े सेनापतियों को

यमलोक भेज दिया है। अब तो केवल सागर पर सेतु बाँधने की देर है, फिर तो राक्षसों का विनाश होते अधिक देर नहीं लगेगी।

- वानर सेना का प्रस्थान - युद्धकाण्ड

हनुमान के मुख से लंका का यह विशद वर्णन सुन कर रामचन्द्र बोले, हनुमान! तुमने भयानक राक्षस रावण की जिस लंकापुरी का वर्णन किया है, उसे मैं शीघ्र ही नष्ट कर डालूँगा। सुग्रीव! अभी विजय नामक मुहूर्त है और इस मुहूर्त में प्रस्थान करना अत्यन्त उपयुक्त है। अतः तुम तत्काल प्रस्थान की तैयारी करो। आज उत्तराफाल्गुनी नामक नक्षत्र है। कल चन्द्रमा का हस्त नक्षत्र से योग होगा। इसलिये हे सुग्रीव! हम लोगों का आज ही सारी सेनाओं के साथ यात्रा आरम्भ कर देना ही उचित है। इस समय जो शकुन प्रकट हो रहे हैं उन्हें देखकर यह विश्वास होता है कि मैं अवश्य ही रावण का वध कर के जनकनन्दिनी सीता को ले आऊँगा।

रघुनाथ जी के वचन सुनकर महापराक्रमी वानरशिरोमणि सुग्रीव ने वानर सेनापतियों को यथोचित आज्ञा दी और समस्त महाबली वानरगण अपनी गुफाओं और शिखरों से शीघ्र ही निकल कर उछलते-कूदते हुए चलने लगे। उनमें से कुछ वानर उस सेना की रक्षा के लिये उछलते-कूदते चारों ओर चक्कर लगाते थे, कुछ मार्गशोधन के लिये कूदते-फाँदते आगे बढ़ते जाते थे.।

कुछ वानर मेघों के समान गर्जते, कुछ सिंहों के समान दहाड़ते और कुछ किलकारियाँ भरते हुए दक्षिण दिशा की ओर अग्रसर हो रहे थे। इस प्रकार से लाखों और करोड़ों वानर आगे-आगे श्री रामचन्द्र, लक्ष्मण और सुग्रीव को ले कर जयजयकार करते हुये सागर तट की ओर चल पड़े।

श्री रामचन्द्र की जय और रावण की क्षय की घोषणाओं से दसों दिशाएँ गूँजने लगीं। कुछ वानर बारी-बारी से दोनों भाइयों को अपनी पीठ पर चढ़ाये लिये जा रहे थे। उनको अपनी-अपनी पीठ पर चढ़ाने के लिये वे एक दूसरे से प्रतिस्पर्धा करने लगे। उनकी तीव्र गति के कारण समस्त वातावरण धूलि-धूसरित हो रहा था। अम्बर धूमिल हो गया था और आकाश में चमकता हुआ सूर्य भी फीका पड़ गया था। जब वह सेना नदी नालों को पार करती तो उनके प्रवाह भी उसके कारण परिवर्तित हो जाते थे। चारों ओर वानर ही वानर दिखाई देते थे। वे मार्ग में कहीं विश्राम लेने के लिये भी एक क्षण को नहीं ठहरते थे। उनके मन मस्तिष्क पर केवल रावण छाया हुआ था। वे सोचते थे कि कब लंका पहुँचें और कब राक्षसों का संहार करें। इस प्रकार राक्षसों के संहार की कल्पना में लीन यह विशाल वानर सेना समुद्र तट पर जा पहुँची। अब वे उस क्षण की कल्पना करने लगे जब वे समुद्र पार करके दुष्ट रावण की लंका में प्रवेश करके अपने अद्भुत पराक्रम का प्रदर्शन करेंगे।

सागर के तट पर एक स्वच्छ शिला पर बैठ राम सुग्रीव से बोले, हे सुग्रीव! हम सागर के तट तक तो पहुँच गये। अब यहाँ मन में फिर वही चिन्ता उत्पन्न हो गई कि इस विशाल सागर को कैसे पार किया जाय। अपनी सेना की छावनी यहीं डाल कर हमें इस समुद्र को पार करने का उपाय सोचना चाहिये। इधर जब तक हम इसका उपाय ढूँढें, तुम अपने गुप्तचरों को सावधान कर दो कि वे शत्रु की गतिविधियों के प्रति सचेष्ट रहें। कोई वानर अपने छावनी से अकारण बाहर भी न जाये क्योंकि इस क्षेत्रमें लंकेश के गुप्तचर अवश्य सक्रिय होंगे।

रामचन्द्र जी के निर्देशानुसार समुद्र तट पर छावनी डाल दी गई। समुद्र की उत्तुंग तरंगें आकाश का चुम्बन कर अपने विराट रूप का प्रदर्शन कर रहा था। सम्पूर्ण वातावरण जलमय प्रतीत होता था। आकाश में चमकने वाला नक्षत्र समुदाय सागर में प्रतिबिंबित होकर समुद्र को ही आकाश का प्रतिरूप बना रहा था। वानर समुदाय समुद्र की छवि को आश्चर्य, कौतुक और आशंका से देख रहा था।

- लंका में राक्षसी मन्त्रणा - युद्धकाण्ड

इन्द्रतुल्य पराक्रमी हनुमान जी ने लंका में जो अत्यन्त भयावह घोर कर्म किया था, उसे देखकर राक्षसराज रावण को बड़ी लज्जा और ग्लानि हुई। उसने समस्त प्रमुख राक्षसों को बुला कर कहा, निशाचरों! एकमात्र वानर हनुमान अकेला इस दुधुर्ष पुरी में घुस आया। उसने इसे तहस-नहस कर डाला और जनककुमारी सीता से भेंट भी कर लिया। सूचना मिली है कि राम सहस्त्रों धीरवीर वानरों के साथ हमारी लंकापुरी पर आक्रमण करने के लिये आ रहे हैं। यह बात भी भलीभाँति स्पष्ट हो चुकी है कि वे रघुवंशी राम अपने समुचित बल के द्वारा भाई, सेना और सेवकों सहित सुखपूर्वक समुद्र को पार कर लेंगे। ऐसी स्थिति में वानरों से विरोध आ पड़ने पर नगर और सेना के लिये जो भी हितकर हो, वैसे सलाह आप लोग दीजिये।

राक्षस बलवान तो बहुत थे किन्तु न तो उन्हें नीति का ज्ञान था और न ही वे शत्रुपक्ष के बलाबल को समझते थे। इसलिये वे कहने लगे, राजन्! आप व्यर्थ ही भयभीत हो रहे हैं। आपने नागों और गन्धर्वों को भी युद्ध में परास्त कर दिया है, दानवराज मय ने आपसे भयभीत होकर अपनी कन्या आपको समर्पित कर दी थी, मधु नामक दैत्य को आपने जीता है। आपके पुत्र मेघनाद ने देवताओं के अधिपति इन्द्र पर विजय प्राप्त करके इन्द्रजित की उपाधि प्राप्त की है। साधारण नर और वानरों से प्राप्त हुई इस आपत्ति के विषय में चिन्ता करना आपके लिये उचित नहीं है। आप सहज ही राम का वध कर डालेंगे।

रावण के समक्ष प्रहस्त, दुर्मुख, वज्रदंष्ट्र, निकुम्भ, वज्रहनु आदि प्रमुख राक्षसों शत्रुसेना को मार गिराने के लिये अत्यन्त उत्साह दिखाया। उनके उत्साहवर्धक वचन सुनकर रावण अत्यन्त प्रसन्न हुआ और उनकी हाँ में हाँ मिलाने लगा।

मन्त्रियों को रावण की हाँ में हाँ मिलाते देख विभीषण ने हाथ जोड़कर कहा, हे तात! जो मनोरथ साम (मेल मिलाप), दान (प्रलोभन) और भेद (शत्रु पक्ष में फूट डालना) से सिद्ध न

हो सके, उसकी प्राप्ति के लिये नीतिशास्त्र का आश्रय लेना चाहिये। हे रावण! अस्थिर बुद्धि, व्याधिग्रस्त आदि लोगों पर बल का प्रयोग करके कार्य सिद्ध करना चाहिये, परन्तु राम न तो अस्थिर बुद्धि है और न व्याधिग्रस्त। वह तो दृढ़ निश्चय के साथ आपसे युद्ध करने के लिये आया है, इसलिये उस पर विजय प्राप्त करना सरल नहीं है। क्या हम जानते थे कि एक छोटा सा वानर हनुमान इतना विशाल सागर पार करके लंका में घुस आयेगा? परन्तु वह केवल आया ही नहीं, लंका को भी विध्वंस कर गया। इस एक घटना से हमें राम की शक्ति का अनुमान लगा लेना चाहिये। उस सेना में हनुमान जैसे लाखों वानर हैं जो राम के लिये अपने प्राणों की भी बलि चढ़ा सकते हैं। इसलिये मेरी सम्मति है कि आप राम को सीता लौटा दें और लंका को भारी संकट से बचा लें। यदि ऐसा न किया गया तो मुझे भय है कि लंका का सर्वनाथ हो जायेगा। राम-लक्ष्मण के तीक्ष्ण बाणों से लंका का एक भी नागरिक जीवित नहीं बचेगा। आप मेरे प्रस्ताव पर गम्भीरता से विचार करें। यह मेरा निवेदन है।

विभीषण की बात सुनकर राक्षसराज रावण उन सभी सभासदों को विदा करके अपने महल में चला गया।

• विभीषण का निष्कासन - युद्धकाण्ड

दूसरे दिन महान मेघों की गर्जना के समान घर्घराहट पैदा करने वाले मणियों से अलंकृत चार घोड़ों से युक्त स्वर्ण-रथ पर आरूढ़ हो अपने सभाभवन की ओर चला। भाँति-भाँति के अस्त्र-शस्त्रों से सुसज्जित राक्षस सैनिक उसके आगे-पीछे उसकी जयजयकार करते हुये चले। मार्ग में लोग शंखों और नगाड़ों के तुमुलनाद से सम्पूर्ण वातावरण को गुँजायमान कर रहे थे। सड़कों पर सहस्रों नागरिक खड़े होकर उसका अभिवादन कर रहे थे जिससे उसका मस्तक गर्व से उन्नत हो रहा था। इस समय वह अपनी वैभव की तुलना देवराज इन्द्र से कर रहा था। सभाभवन में पहुँच कर वह अपने मणिमय स्वर्ण-सिंहासन पर जाकर बैठ गया। उसके सिंहासनासीन होने पर अन्य दरबारियों अवं मन्त्रियों ने भी अपने-अपने आसन ग्रहण किये।

शत्रुविजयी रावण ने उस सम्पूर्ण सभा की ओर दृष्टिपात करके कहा, सभासदों! मैं दण्डकारण्य से राम की प्रिय रानी जनकदुलारी सीता को हर लाया हूँ। किन्तु वह मेरी शय्या पर आरूढ़ होना नहीं चाहती है। मेरी दृष्टि में तीनों लोकों के भीतर सीता के समान सुन्दरी अन्य कोई स्त्री नहीं है। उसे देखने के बाद मेरा मन मेरे वश में नहीं रह गया है। काम ने मुझे आधीन कर लिया है।

कामातुर रावण का यह प्रलाप सुनकर कुम्भकर्ण ने क्रोधित होकर कहा, महाराज! तुमने जो यह छलपूर्वक छिपकर परस्त्री-हरण का कार्य किया है, यह तुम्हारे लिये बहुत अनुचित है। इस पापकर्म को करने से पहले आपको हमसे परामर्श कर लेना चाहिये था। यद्यपि तुमने अनुचित कर्म किया है तथापि तुम्हारे शत्रुओं का संहार करूँगा।

कुम्भकर्ण के वचन सुनकर रावण को क्रोधित होते देख महापार्श्व ने हाथ जोड़कर कहा, शत्रुसूदन महाराज! आप तो स्वयं ही ईश्वर हैं! आप विदेहकुमारी सीता के साथ उसकी इच्छा की परवाह न कर रमण कीजिये। आपके जो भी शत्रु आयेंगे, उन्हें हम लोग अपने शस्त्रों के प्रताप से जीत लेंगे।

महापार्श्व के ऐसा कहने पर लंकाधिपति रावण ने उसकी प्रशंसा करते हुए कहा, महापार्श्व! पूर्वकाल में मैंने एक बार आकाश में अग्नि-पुञ्ज के समान प्रकाशित होती हुई पुञ्जिकस्थला नाम की अप्सरा से बलात् सम्भोग किया था। मेरे इस कृत्य से अप्रसन्न होकर मुझे शाप दे दिया था कि आज के बाद यदि किसी दूसरी नारी के साथ बलपूर्वक समागम करेगा तो तेरे मस्तक के सौ टुकड़े हो जायेंगे। उस शाप से भयभीत होने के कारण मैं विदेहकुमारी से बलात् समागम नहीं कर सकता।

फिर अपने शूरवीर सेनानायकों एवं मन्त्रियों को सम्बोधित करते हुये वह बोला, हे बुद्धिमान और वीर सभासदों! आज हम लोगों को अपने भावी कार्यक्रम पर विचार करना है। राम सुग्रीव की वानर सेना लेकर समुद्र के उस पार आ पहुँचा है। हमें उसके साथ किस नीति का अनुसरण करना है, इसके विषय में तुम लोग सोच-विचार कर अपनी सम्मति दो क्योंकि तुम सभी बुद्धिमान, नीतिनिपुण और अनुभवी हो।

रावण की बात सुन कर लगभग सभी राक्षसों ने उत्साहित होकर उसे वानर सेना से युद्ध करने का परामर्श दिया। उनका मत था कि हमारे अपार बल के आगे ये छोटे-छोटे वानर ठहर नहीं सकेंगे। प्रत्येक दशा में विजय हमारी होगी।

अन्य सभी राक्षसों के सम्मति दे चुकने पर विभीषण ने खड़े होकर कहा, हे तात! सीता का जो अपहरण आपने किया है, वह अत्यन्त अनुचित है। सीता वास्तव में एक विषैली नागिन है जो आपके गले में आकर लिपट गई है। उसके उन्नत उरोज भयंकर फन हैं, उसका चिन्तन मारक विष है और उसकी मुस्कान तीक्ष्ण दाढ़ें हैं। उसकी पाँचों अँगुलियाँ उसके पाँच सिर हैं। यह आपके प्राणों को अपना निशाना बना कर बैठी है। इसलिये मैं आपसे कहता हूँ कि यदि आपने इस नागिन से छुटकारा नहीं पाया तो राम के बाण राक्षसों के सिर काटने में तनिक भी संकोच न करेंगे। इसलिये सबका कल्याण इसी में है कि सीता को तत्काल लौटा कर राम से संधि कर ली जाय।

विभीषण के वचन सुन कर प्रहस्त ने कहा, विभीषण! हमने युद्ध में देवताओं, राक्षसों तथा दानवों को पराजित किया है, फिर एक साधारण मानव से भयभीत होने की क्या आवश्याकता है?

प्रहस्त का प्रश्न सुनकर विभीषण ने उत्तर दिया, हे मन्त्रिवर! राम कोई साधारण मानव नहीं हैं। उनका वध करना वैसा ही असम्भव है जैसा बिना नौका के सागर को पार करना। मैं उनकी शक्ति को जानता हूँ, हमारी सम्पूर्ण दानवीय शक्ति भी उनके सम्मुख नहीं ठहर सकती। राक्षस ही क्या देव, गन्धर्व और किन्नर भी उनसे जीत नहीं सकते।

फिर विभीषण ने रावण को सम्बोधित करते हुए कहा, हे राक्षसराज! आप काम के वशीभूत होकर अनुचित कार्य करने जा रहे हैं और ये मन्त्रिगण केवल चाटुकारिता में आपकी हाँ में हाँ मिला रहे हैं। ये आपके हित की सच्ची बात नहीं कह रहे हैं। मैं फिर आपसे कहता हूँ कि सीता को लौटाकर राम से संधि कर लेने में ही आपका, लंका का और सम्पूर्ण राक्षस समुदाय का कल्याण है।

विभीषण की बातों से चिढ़ कर मेघनाद बोला, चाचा जी! आप सदा कायरों की भाँति निरुत्साहित करने वाली बातें किया करते हैं। आपने अपनी कायरता से पुलस्त्य वंश को कलंकित किया है। क्षमा करें, इस कुल में आज तक कोई ऐसा भीरु और निर्वीर्य व्यक्ति ने जन्म नहीं लिया।

मेघनाद के मुख से ये अपमानजनक शब्द सुनकर भी विभीषण ने अपने ऊपर संयम रखते हुये कहा, मेघनाद! तुम अभी बालक हो। तुम में दूरदर्शिता का अभाव है। इसीलिये तुम ऐसी बात कर रहे हो। मैं फिर कहता हूँ कि राघव से क्षमा माँग कर सीता को लौटाने में ही हमारा कल्याण है।

विभीषण को बार-बार सीता को लौटाने की बात करते देख रावण ने क्रुद्ध होकर कहा, बुद्धिमान लोगों ने ठीक ही कहा है कि चाहे शत्रु के साथ निवास करें, सर्प के साथ रहें, परन्तु शत्रु का हित चाहने वाले मित्र के साथ कदापि न रहें। ऐसे लोग मित्र के वेश में घोर शत्रु होते हैं। विभीषण! तुम हमारे सबसे बड़े शत्रु हो जो राम की सराहना करके हमारा मनोबल गिराने का प्रयत्न करते हो। मैं जानता हूँ कि तुम मुख से मेरे हित की बात करते हो परन्तु हृदय से मेरे ऐश्वर्य, वैभव तथा लोकप्रियता से ईर्ष्या करते हो। यदि तुम मेरे भाई न होते तो सबसे पहले मैं तुम्हारा वध करता। यदि वध न करता तो भी कम से कम तुम्हारी जीभ अवश्य खिंचवा लेता। मेरे सामने से दूर हो जा देशद्रोही! और फिर अपना मुख मुझे कभी मत दिखाना।

रावण से अपमानित होकर विभीषण उठ खड़ा हुआ और बोला, मैं समझ गया हूँ, तुम्हारे सिर पर काल मँडरा रहा है। इसलिये तुम मित्र और शत्रु में भेद नहीं कर सकते। मैं जाता हूँ। फिर तुम्हें मुख नहीं दिखाऊँगा।

इतना कह कर विभीषण वहाँ से चल दिया।

- विभीषण का श्री राम की शरण में आना - युद्धकाण्ड

रावण से अपमानित होकर विभीषण अपने चार भयंकर तथा पराक्रमी अनुचरों के साथ आकाशमार्ग से दो ही घड़ी में उस स्थान पर आ गये जहाँ लक्ष्मण सहित श्री राम विराजमान थे। बुद्धिमान महापुरुष विभीषण ने आकाश में ही स्थित रहकर सुग्रीव तथा अन्य वानरों की ओर देखते हुए उच्च स्वर से कहा, हे वानरराज! मैं लंका के राजा रावण का छोटा भाई विभीषण हूँ। मैं रावण के उस कुकृत्य से सहमत नहीं हूँ जो उसने सीता जी का हरण करके किया है। मैंने उसे सीता जी को लौटाने के लिये अनेक प्रकार से समझाया परन्तु उसने मेरी

बात न मान कर मेरा अपमान किया और मुझे लंका से निष्कासित कर दिया। इसलिये अब मैं यहाँ श्री रामचन्द्र जी की शरण में आया हूँ। आप उन्हें मेरे आगमन की सूचना भिजवा दें।

विभीषण की बात सुनकर सुग्रीव ने रामचन्द्र के पास जाकर कहा, हे राघव! रावण का छोटा भाई विभीषण अपने चार मन्त्रियों सहित आपके दर्शन करना चाहता है। यदि आपकी अनुमति हो तो उसे यहाँ उपस्थित करूँ। किन्तु मेरा विचार है कि हमें शत्रु पर सोच-समझ कर ही विश्वास करना चाहिये। एक तो राक्षस वैसे ही क्रूर, कपटी और मायावी होते हैं फिर यह तो रावण का सहोदर भाई ही है। ऐसी दशा में तो वह बिल्कुल भी विश्वसनीय नहीं है। किन्तु आप हमसे अधिक बुद्धिमान हैं। जैसी आपकी आज्ञा हो, वैसा करूँ।

सुग्रीव के तर्क सुनकर रामचन्द्र जी बोले, हे वानरराज! आपकी बात सर्वथा युक्तिसंगत और हमारे हित में है, परन्तु नीतिज्ञ लोगों ने राजाओं के दो शत्रु बताये हैं। एक तो उनके कुल के मनुष्य और दूसरे उनके राज्य के सीमावर्ती क्षेत्रों पर शासन करने वाले अर्थात् पड़ोसी शासक। ये दोनों उस समय किसी राज्य पर आक्रमण करते हैं, जब राजा किसी व्यसन अथवा विपत्ति में फँसा हुआ होता है। विभीषण अपने भाई को विपत्ति में पड़ा देखकर हमारे पास आया है। वह हमारे कुल का नहीं है। हमारे विनाश से उसे कोई लाभ नहीं होगा। इसके विपरीत यदि हमारे हाथों से रावण मारा जायेगा तो वह लंका का राजा बन सकता है। इसलिये यदि वह हमारी शरण में आता है तो हमें उसे स्वीकार कर लेना चाहिये। कण्व ऋषि के पुत्र परम ऋषि कण्डु ने कहा है कि यदि दीन होकर शत्रु भी शरण में आये तो उसे शरण देनी चाहिये। ऐसे शरणागत की रक्षा न करने से महान पाप लगता है। इसलिये शरण आये विभीषण को अभय प्रदान करना ही उचित है। अतः तुम उसे मेरे पास ले आओ।

जब सुग्रीव विभीषण को लेकर राम के पास आया तो उसने दोनों हाथ जोड़कर कहा, हे धर्मात्मन्! मैं लंकापति रावण का छोटा भाई विभीषण हूँ। यह जानकर मैं आपकी शरण में आया हूँ कि आप शरणागतवत्सल हैं। इसलिये आप मुझ शरणागत का उद्धार कीजिये।

विभीषण के दीन वचन सुनकर श्री रामचन्द्र जी ने उसे गले से लगाते हुये कहा, हे विभीषण! मैंने तुम्हें स्वीकार किया। अब तुम मुझे राक्षसों का बलाबल बताओ।

श्री राम का प्रश्न सुनकर विभीषण बोला, हे दशरथनन्दन! ब्रह्मा से वर पाकर दशमुख रावण देव, दानव, नाग, किन्नर आदि सभी से अवध्य हो गया है। उसका छोटा भाई कुम्भकर्ण, जो मुझसे बड़ा है, भी अद्भुत पराक्रमी, शूरवीर तथा तेजस्वी है। उसके सेनापति का नाम प्रहस्त है जिसने अपने शौर्य का प्रदर्शन करते हुये कैलाश पर्वत पर दुर्दमनीय मणिभद्र को पराजित किया था। रावण के पुत्र मेघनाद ने तो इन्द्र को परास्त करके इन्द्रजित की उपाधि अर्जित की है। मेघनाद का भाई महापार्श्व भी अकम्पन नामक पराक्रमी राक्षस को मारकर संसार भर में विख्यात हो चुका है। रावण के सेनापति तथा सेनानायक युद्ध कौशल में एक दूसरे से बढ़ कर हैं।

विभीषण के मुख से लंका के वीरों की शौर्यगाथा सुनकर श्री रामचन्द्र बोले, हे विभीषण! इन समस्त बातों को मैं जानता हूँ। इतना सब होते हुये भी मैं आज तुम्हारे सम्मुख प्रतिज्ञा

करता हुँ कि मैं रावण का उसके पुत्रों, मन्त्रियों एवं योद्धाओं सहित वध करके तुम्हें लंका का राजा बनाउँगा। अब वह कहीं जाकर, किसी की भी शरण लेकर मेरे हाथों से नहीं बचेगा। यह मेरी अटल प्रतिज्ञा है।

श्री रामचन्द्र जी की प्रतिज्ञा सुनकर विभीषण ने उनके चरण स्पर्श करके कहा, हे राघव! मैं भी आपके चरणों की शपथ लेकर प्रतिज्ञा करता हुँ कि मैं रावण को उसके वीर योद्धाओं सहित मारने में आकी पूरी-पूरी सहायता करूँगा।

विभीषण की प्रतिज्ञा सुनकर रामचन्द्र जी ने लक्ष्मण से समुद्र का जल मँगवाया और उससे विभीषण का अभिषेक करके सम्पूर्ण सेना में घोषणा करा दी कि आज से महात्मा विभीषण लंका के राजा हुये।

- सेतु बन्धन - युद्धकाण्ड

वानरसेना के समक्ष विशाल समुद्र लहरें मार रहा था और उसे पार करना एक बहुत बड़ी समस्या थी। राम के क्रोध से भयभीत होकर समुद्र ने स्वयं वहाँ आकर बताया कि सुग्रीव की सेना में नल और नील कुशल शिल्पी हैं। उनके नेतृत्व में समुद्र पर सेतु बाँधना सम्भव हो सकेगा। इतना बताकर समुद्र वापस चले गये।

समुद्र की बात सुनकर वानर नल ने श्री राम से कहा, प्रभो, मैं विश्वकर्मा का औरस पुत्र हुँ और गुण में उन्हीं के समान हुँ। मैं महासागर पर पुल बाँधने में सर्वथा समर्थ हुँ इसलिये मैं समुद्र पर सेतु का निर्माण करूँगा।

नल-नील असंख्य वानरों को लेकर सेतु निर्माण के कार्य में जुट गये। उनके आदेश के अनुसार वानर सेना बड़े-बड़े वृक्षों को उखाड़ कर समुद्र तट पर एकत्रित करने लगे। देखते-देखते वहाँ साल, अश्वकर्ण, धब, बाँस, कुटज, अर्जुन, कर्णिकार, जामुन, अशोक आदि वृक्षों का एक विशाल गगनचुम्बी ढेर लग गया। इस प्रकार सागर के किनारे वृक्षों तथा शिलाओं के दो विशाल पर्वत बन गये। इसके पश्चात् उन्होंने बड़े-बड़े शिलाखण्डों को समुद्र में नल-नील के निर्देशानुसार डालना आरम्भ किया। उन शिलाखण्डों एवं वृक्षों को शिल्पकला में चतुर नल-नील सेतु का रूप देते जा रहे थे। इस प्रकार उन्होंने अधिक परिश्रम करके पहले ही दिन छप्पन कोस लम्बा पुल बना दिया। दूसरे दिन उन्होंने और भी अधिक फुर्ती दिखाई और चौरासी कोस लम्बा पुल बनाया। फिर अतुल परिश्रम से तीसरे दिन बानबे कोस लम्बा सेतु बनाया। इस प्रकार निरन्तर परिश्रम करके उन्होंने चार सौ कोस लम्बा पुल बना डाला। अब नल-नील के प्रयत्नों से चालीस कोस चौड़ा और चार सौ कोस लम्बा मजबूत पुल बन कर तैयार हो गया।

समुद्र पर सेतु बन जाने के पश्चात् श्री रामचन्द्र जी ने हनुमान की पीठ पर और लक्ष्मण ने अंगद की पीठ पर बैठ कर सेतु पर होते हुये विशाल सागर पार किया। उनके पीछे-पीछे सम्पूर्ण वानर सेना भी सुग्रीव के नेतृत्व में समुद्र को पार कर लंका में पहुँच गई। इस सेना के

लंका में पहुँचते ही राक्षसों में भयानक हलचल मच गई। वे लंका दहन की घटना को स्मरण कर भयभीत होने लगे।

उधर रावण ने शुक और सारण नामक मन्त्रियों को बुला कर उनसे कहा, हे चतुर मन्त्रियों! अब राम ने वानरों की सहायता से अगाध समुद्र पर सेतु बाँध कर उसे पार कर लिया है और वह लंका के द्वार पर आ पहुँचा है। तुम दोनों वानरों का वेश बना कर राम की सेना में प्रवेश करो और यह पता लगाओ कि शत्रु सेना में कुल कितने वानर हैं, उनके पास अस्त्र-शस्त्र कितने और किस प्रकार के हैं तथा मुख्य-मुख्य वानर नायकों के नाम क्या हैं।

रावण की आज्ञा पाकर दोनों कूटनीतिज्ञ मायावी राक्षस वानरों का वेश बना कर वानरोंसेना में घुस गये, परन्तु वे विभीषण की तीक्ष्ण दृष्टि से बच न सके। विभीषण ने उन दोनों को पकड़ कर राम के सम्मुख करते हुये कहा, हे राघव! ये दोनों गुप्तचर रावण के मन्त्री शुक और सारण हैं जो हमारे कटक में गुप्तचरी करते पकड़े गये हैं।

राम के सामने जाकर दोनों राक्षस थर-थर काँपते हुये बोले, हे राजन्! हम राक्षसराज रावण के सेवक हैं। उन्हीं की आज्ञा से आपके बल का पता लगाने के लिये आये थे। हम उनकी आज्ञा के दास हैं, इसलिये उनका आदेश पालन करने के लिये विवश हैं। राजभक्ति के कारण हमें ऐसा करना पड़ा है। इसमें हमारा कोई दोष नहीं है।

उनके ये निश्चल वचन सुन कर रामचन्द्र बोले, हे मन्त्रियों! हम तुम्हारे सत्य भाषण से बहुत प्रसन्न हैं। तुमने यदि हमारी शक्ति देख ली है, तो जाओ। यदि अभी कुछ और देखना शेष हो तो भली-भाँति देख लो। हम तुम्हें कोई दण्ड नहीं देंगे। आर्य लोग शस्त्रहीन व्यक्ति पर वार नहीं करते। अतएव तुम अपना कार्य पूरा करके निर्भय हो लंका को लौट जाओ। तुम साधारण गुप्तचर नहीं, रावण के मन्त्री हो। इसलिये उससे कहना, जिस बल के भरोसे पर तुमने मेरी सीता का हरण किया है, उस बल का परिचय अपने भाइयों, पुत्रों तथा सेना के साथ हमें रणभूमि में देना। कल सूर्योदय होते ही अन्धकार की भाँति तुम्हारी सेना का विनाश भी आरम्भ हो जायेगा।

श्री रामचन्द्र जी के वचनों से भयरहित हो उनका जयजयकार करते हुये शुक तथा सारण लंका में पहुँचे और रावण के सम्मुख उपस्थित होकर बोले, हे स्वामिन्! हमारे वानर सेना में प्रवेश करते ही विभीषण ने हमें पहचान कर राम के सम्मुख उपस्थित कर दिया, परन्तु राम ने हमें निःशस्त्र दूत समझ कर छोड़ दिया। अब रही वानरों के बल की बात, उसका पता लगाना सम्भव नहीं है, क्योंकि उनमें प्रत्येक के मन में आपके विरुद्ध क्रोध तथा घृणा की ज्वाला धधक रही है। उनसे बात करना ही सम्भव नहीं है, किसी बात का पता लगाना तो बहुत कठिन है। राम ने कहलवाया है कि सूर्योदय होते ही वह राक्षस सेना का विनाश आरम्भ कर देगा। अब आप जैसा उचित समझें वैसा करें।

दोनों मन्त्रियों के ये वचन सुनकर रावण क्रोध से उबलते हुये बोला, चाहे कुछ भी हो जाय, मैं किसी भी दशा में सीता को वापिस नहीं करूँगा। मुझे विश्वास है, राम अपनी सेना सहित युद्ध भूमि में मेरे हाथों से अवश्य मारा जायेगा।

मन्त्रियों के उत्तर से सन्तुष्ट न होकर रावण ने कुछ अन्य गुप्तचरों को छद्म वेश में वानर सेना में भेजा। उन्होंने बड़ी चतुराई से सम्पूर्ण जानकारी प्राप्त करके रावण को बतलाया कि राम ने अपना सैनिक शिविर सुवेल पर्वत पर लगाया है। उनमें जाम्बवन्त नामक ऋक्ष सबसे दुर्धुर्ष एवं तेजस्वी है। उसके अतिरिक्त तीन वानर सबसे अधिक बलवान और पराक्रमी हैं। उनके नाम सुमुख, दुर्मुख तथा वेगदर्शी हैं। नल-नील उस सैनिक टुकड़ी के अध्यक्ष हैं जिसने समुद्र पर सेतु बाँधा है। अंगद अपने पिता वालि से भी अधिक तेजस्वी एवं बलवान है। उसके अतिरिक्त सहस्त्रों अद्भुत शक्तिसम्पन्न पराक्रमी वानर हैं। राम और लक्ष्मण तो जनस्थान को नष्ट करके अपने बल का परिचय आपको दे ही चुके हैं।

• सीता के साथ छल - युद्धकाण्ड

जब रावण के गुप्तचरों ने बताया कि श्री रामचन्द्र जी की सेना सुवेल पर्वत पर आकर ठहरी है और उस पर विजय पाना असम्भव है तब वह उद्वेलित हो गया। उसने महाबली, महामायावी, मायाविशारद राक्षस विधुज्जिह्व को बुलाकर आदेश दिया कि वह शीघ्र श्री रामचन्द्र जी का मायानिर्मित मस्तकर बनाकर लाये। रावण की आज्ञा पाकर वह शीघ्र ही श्री राम का सिर बना लाया जो रक्त से लथपथ था। उसे देखकर कोई नहीं कह सकता था कि ये वास्तव में राम का मस्तक नहीं है। उस मस्तक को बाण की नोक पर रखकर वह अशोकवाटिका में जाकर सीता से बोला, हे सीते! तूने राम की शक्ति पर अगाध विश्वास करके मेरा कहना नहीं माना। देख, राम युद्धभूमि में मारा गया। ले, अपने पति के मरने का समाचार सुन और इस सिर को देखकर अपने अभिमान पर आँसू बहा। वह अभिमानी वानरों के भरोसे मुझसे युद्ध करने आया था। रात्रि को जब वानर सेना सहित राम और लक्ष्मण दोनों सो रहे थे, तब मेरे सेनापति प्रहस्त ने एक विशाल सेना लेकर उस पर आक्रमण कर दिया और अपने भयंकर हथियारों से मारकाट मचा दी। बहुत सी सेना मारी गई और जो बचे, वे प्राण लेकर भाग गये। तब प्रहस्त ने सोते हुये राम के सिर को काट डाला। इस आक्रमण में विभीषण भी मारा गया। तुझे प्राप्त करने के लिये मुझे ऐसा भयंकर संहार करना पड़ा। अब तेरा कोई आश्रय नहीं रह गया है, इसलिये अब तुझे चाहिये कि तू मुझे पति रूप में स्वीकार कर ले।

इतना कह कर रावण ने उस मायारचित सिर को सीता के समक्ष रख दिया।

जब सीता ने उन दोनों मस्तकों को देखा जो सब प्रकार से आकृति, मुद्रा आदि में राम से मिलता था तो वह बिलख-बिलख कर रो पड़ी और नाना प्रकार से विलाप करती हुई कैकेयी को कोसने लगी, हा! आज कैकेयी की मनोकामना पूरी हो गई। हा नागिन! आज तुम्हारी इच्छा पूरी हुई। अब तुम्हारा भरत निष्कंटक होकर राज करेगा। तुमने अपने स्वार्थ के पीछे रघुकुल का नाश कर दिया।

इस प्रकार विलाप करती हुई वे मूच्छिंत होकर पृथ्वी पर गिर पड़ीं। जब चेतना लौटी तो वे फिर विलाप करने लगीं, हा नाथ! यह सब क्या हो गया? आज मैं विधवा हो गई। आप मुझे यहाँ किसके भरोसे पर छोड़ गये। मुझसे ऐसा क्या अपराध हो गया है कि मैं रो-रो कर मर रही हूँ और आप चुपचाप देख रहे हैं। मुझसे सान्त्वना का एक शब्द भी नहीं कह रहे। ऐसे निर्मोही तो आप कभी नहीं थे। वन चलते समय आपने वचन दिया था कि तेरा साथ कभी नहीं छोड़ूँगा, परन्तु आज आप मुझे अकेला छोड़ कर चल दिये। आपकी प्रतीक्षा में आँखें बिछाये कौसल्या जब ये समाचार सुनेंगीं तो उनकी क्या दशा होगी? कौन उनके आँसू पोंछेगा? हा! आज मैं ही आप दोनों कि मृत्यु का कारण बन गई। हे नीच रावण! तूने दोनों भाइयों की हत्या तो करा ही दी अब मेरा शीश भी काटकर अपनी कृपाण की प्यास बुझा ले। मेरे पति स्वर्ग में मेरी प्रतीक्षा कर रहे हैं। अब मैं इस संसार में एक क्षण भी रहना नहीं चाहती। उठा तलवार, कर अपना काम।

जब सीता इस प्रकार विलाप कर रही थी तभी एक राक्षस ने आकर रावण को सूचना दी कि मन्त्री प्रहस्त अत्यन्त आवश्यक कार्य से इसी समय आपके दर्शन करना चाहते हैं। यह सुनते ही रावण तत्काल उस सिर को लेकर वहाँ से चला गया। उस समय तक सीता पुनः मूच्छिंत हो चुकी थीं।

विभीषण की स्त्री इस घटना की सूचना पा कर अशोकवाटिका में आई। वह सीता की मूर्छा दूर करके उन्हें समझाने लगी, रावण ने तुमसे जो कुछ कहा है, वह झूठ है। राम न तो मारे गये हैं और न ये दुष्ट उन्हें मार ही सकते हैं। ये सिर माया से बनाया गया हैं। तुम इसके छल में पड़कर यह भी भूल गईं कि लक्ष्मण दिन रात राघव की सेवा में रहते हैं और वे रात को कभी नहीं सोते। फिर सोते में उनके सिर कैसे काटे जा सकते हैं? तनिक कान लगाकर सुनो। रण की तैयारी करती हुई राक्षस सेना की गर्जना की ध्वनि स्पष्ट सुनाई दे रही है। यदि राम-लक्ष्मण वानरों सहित मारे जाते तो फिर यह तैयारी किसलिये होती?

ये तर्कयुक्त वचन सुनकर सीता इस बात पर विचार करने लगी।

• अंगद रावण दरबार में - युद्धकाण्ड

इस प्रकार से युद्ध चल ही रहा था कि सूर्यदेव अस्त हो गये तथा प्राणों का संहार करने वाली रात्रि का आगमन हो गया। दोनों पक्ष के योद्धा बड़े भयंकर थे तथा अपनी-अपनी विजय चाहते थे; अतः उनके मध्य रात्रियुद्ध होने लगा। दोनों पक्ष के मध्य घनघोर युद्ध मच गया, मारो-मारो, काटो-काटो शब्दों से समस्त समरभूमि गुंजायमान हो गई और रक्त की नदियाँ बहने लगीं। घायल होकर कराहते हुए राक्षसों तथा शस्त्रों से क्षत-विक्षत हुए वानरों का आर्तनाद बड़ा भयंकर प्रतीत होने लगा। वानरों और राक्षसों का संहार करने वाली वह भयंकर रजनी कालरात्रि के समान समस्त प्राणियों के दुर्लंघ्य हो गई थी।

श्री रामचन्द्र जी ने अग्निज्वाला के समान छः भयानक बाणों से निमिष मात्र में दुर्धर्ष वीर यज्ञशत्रु, महापार्श्व, महोदर, महाकाय, वज्रदंष्ट्र, शुक और सारण को घायल कर दिया। वे छहों राक्षस श्री रामचन्द्र जी के बाणसमूहों से अपने मर्मस्थान में चोट खाने पर युद्ध छोड़ कर भाग गये; इसीलिये उनके प्राण बच गये और उनकी आयु शेष रह गई। महारथी श्र राम ने अग्नि-शिखा के समान प्रज्वलित भयंकर बाणों द्वारा समस्त दिशाओं में प्रकाश कर दिया। उनके समक्ष जो भी राक्षसवीर आते थे वे उसी प्रकार से नष्ट होते जाते थे जिस प्रकार से आग में पड़कर पतिंगे जल जाते हैं।

राक्षस सेना की यह दुर्दशा देखकर रावण के पुत्र मेघनाद के तन-बदन में आग लग गई। उसने शीघ्र ही नाग बाणों की फाँस बना कर राम-लक्ष्मण दोनों को उसमें बाँध लिया। नाग फाँस में बँधने पर दोनों भाई मूर्छित हो गये।

श्री राम के मूर्छित होकर पृथ्वी पर गिरते ही मेघनाद ने हर्षोन्मत्त होकर दसों दिशाओं को गुँजाने वाली गर्जना की। राक्षस सेना में फिर से नवजीवन आ गया और वह मेघनाद की जयजयकार करती हुई बड़े उत्साह से वानर सेना पर टूट पड़ी। मेघनाद उनके उत्साह को बढ़ाते हुये कह रहा था, जिनके कारण आज शोणित की सरिता बह रही है, वे ही दोनों भाई नागपाश के बँधे पृथ्वी पर मूर्छित पड़े हैं। अब देव, नर, किन्नर किसी में इतनी सामर्थ्य नहीं है जो इन्हें नापाश से मुक्त कर सके। अब युद्ध समाप्त हो गया, लंकापति की विजय हुई।

इस प्रकार विजयघोष करता हुआ मेघनाद लंका को लौट गया।

राम-लक्ष्मण के मूर्छित हो जाने से सम्पूर्ण वानर सेना में शोक छा गया। सुग्रीव, अंगद, हनुमान, जाम्बवन्त आदि सभी सेनध्यक्ष किंकर्तव्यविमूढ़ होकर दोनों भाइयों को घेर कर खड़े हो गये और इस विपत्ति से त्राण पाने का उपाय खोजने लगे। तभी विभीषण ने उन्हें धैर्य बँधाते हुये कहा, हे वीरों! भयभीत होने की आवश्यकता नहीं है। यह नागपाश इन दोनों भाइयों का कुछ नहीं बिगाड़ सकती और न वे मर ही सकते हैं। इसलिये तुम इनकी चिन्ता छोड़कर अपने-अपने मोर्चों पर जाकर युद्ध करो। इन दोनों भाइयों को तुम मेरे ऊपर छोड़ दो।

उधर जब रावण ने मेघनाद के मुख से राम-लक्ष्मण के नागपाश में बँधकर मूर्छित होने का समाचार सुना तो उसके हर्ष का पारावार न रहा। उसने सीता की रक्षा पर नियुक्त राक्षस नारियों को बुलाकर आदेश दिया, तुम लोग सीता को पुष्पक विमान पर चढ़ाकर युद्ध भूमि में ले जाओ और उन्हें ले जाकर राम-लक्ष्मण को दिखाओ जो पृथ्वी पर मरे पड़े हैं।

रावण की आज्ञा पाते ही राक्षसनियाँ जानकी को विमान में चढ़ाकर युद्धभूमि में ले गईं जहाँ राम-लक्ष्मण मूर्छित अवस्था में पड़े थे। सीता ने देखा राक्षस सेना जयजयनाद कर रही है और वानर सेना शोक में डूबी हुई निराश खड़ी है। दोनों भाइयों को इस प्रकार पृथ्वी पर पड़ा देखकर सीता के धैर्य का बाँध टूट गया और वे फूट-फूट कर रोने लगी, हाय! आज मैं विधवा हो गई। बड़े-बड़े ज्योतिषियों की यह भविष्वाणी मिथ्या हो गई कि मैं आजीवन सधवा रहूँगी, पुत्रवती बनूँगी। हे नाथ! आपने तो कहा था कि मैं अयोध्या लौटकर अश्वमेघ यज्ञ करूँगा।

अब उस कथन का क्या होगा! जो विश्व को जीतने की शक्ति रखते थे, आज वे कैसे मौन पड़े हैं! हा विधाता! तेरी यह क्या लीला है? हे त्रिजटे! तू मेरे सती होने का प्रबन्ध करा दे। अब मैं इस संसार में अपने प्रय राम के बिना नहीं रहूँगी। अब मेरा जीना व्यर्थ है।

सीता को इस प्रकार विलाप करते देख त्रिजटा ने कहा, हे जानकी! तुम व्यर्थ में विलाप करके जी छोटा मत करो। मेरा विश्वास है, राम-लक्ष्मण दोनों जीवित हैं, केवल मूर्छित हो गये हैं। यह देखो वानर सेना फिर युद्ध के लिये लौट रही है। सुग्रीव और विभीषण उनके चेतन होने की प्रतीक्षा कर रहे हैं। मेरा अनुमान मिथ्या नहीं है। वे उठकर फिर युद्ध करेंगे और रावण का वध करके तुम्हें अवश्य ले जायेंगे, तुम धैर्य धारण करो।

इस प्रकार सीता को समझा-बुझा कर त्रिजटा सीता सहित विमान को पुनः अशोकवाटिका में ले आई।

नागपाश में बँधे राम और लक्ष्मण काफी देर तक भूमि पर पड़े रहे। तभी अकस्मात् जोर से आँधी चलने लगी, आकाश में घने बादल छा गये। इतने में ही आकाशमार्ग से विनता का पुत्र गरुड़ उड़ता हुआ आया। उसने दोनों भाइयों के पास बैठकर उनके शरीर का स्पर्श किया। गरुड़ के स्पर्श करते ही समस्त नाग भयभीत होकर पृथ्वी में छिप गये। नागों के बन्धन से मुक्त होने पर राम और लक्ष्मण ने अपने नेत्र खोले। उनके पीले पड़े हुये मुखमण्डल फर नवीन आभा से चमकने लगे। चैतन्य होकर राम ने गरुड़ को धन्यवाद देते हुये कहा, हे वैनतेश! तुम्हारे अनुग्रह से हम दोनों भाई इस बन्धन से मुक्त हुये हैं। हम तुम्हारा कैसे आभार प्रदर्शन कर लकते हैं?

राम की यह विनम्र वाणी सुनकर गरुड़ ने उत्तर दिया, हे राघव! मैं तुम्हारा मित्र हूँ। वन में विचरण करते हुये मैंने सुना था कि मेघनाद ने तुम्हें इस नागपाश में बाँध लिया है जिसे देवता, राक्षस, यक्ष, गन्धर्व कोई भी नहीं खोल सकते। इसलिये मैं मित्र धर्म के नाते यहाँ आ पहुँचा और मैंने तुम्हें नागपाश से मुक्त करा दिया। भविष्य में अधिक सतर्क रहकर युद्ध करना क्योंकि ये राक्षस बड़े कपटी तथा मायावी हैं।

इतना कहकर गरुड़ ने उनसे विदा ली।

राम और लक्ष्मण को पूर्णतया स्वस्थ पाकर वानर सेना के आनन्द का पारावार न रहा। वे रघुवीर की जयजयकार करके बाजे-नगाड़े, रणभेरी आदि बजाकर राक्षसों को भयभीत करने लगे।

• राम लक्ष्मण बन्धन में - युद्धकाण्ड

जब हर्षोन्मत्त वानरों का तुमुलनाद सुन कर रावण को आश्चर्य हुआ और आशंका ने उसे आ घेरा। उसने तत्काल मन्त्रियों से कहा, वानरसेना में इतना उत्साह कैसे आ गया? मेघनाद ने तो राम और लक्ष्मण का वध कर दिया था। शीघ्र पता लगाकर बताओ, इसका क्या कारण है? कहीं भरत तो अयोध्या से विशाल सेना लेकर नहीं आ गया? आखिर ऐसी कौन सी बात

हुई है जो वानर सेना राम की मृत्यु का दुःख भी भूलकार गर्जना कर रही है।

तभी एक गुप्तचर ने आकर सूचना दी कि राम और लक्ष्मण मरे नहीं हैं, वे नागपाश से मुक्त होकर युद्ध की तैयारी कर रहे हैं। यह सुनते ही रावण का मुख फीका पड़ गया। उसने क्रोधित होकर पराक्रमी धूम्राक्ष को आज्ञा दी, हे वीरश्रेष्ठ धूम्राक्ष! तुमने अब तक अनेक बार अद्भुत पराक्रम प्रदर्शित किया है। तुम सहस्त्रों वीरों को अकेले मार सकते हो। एक विशाल सेना लेकर जाओ और राम-लक्ष्मण सहित शत्रु सेना का वध करो।

रावण की आज्ञा पाते ही शूल, गदा, तोमर, भाले, पट्टिश आदि शस्त्रों से युक्त राक्षसों की विशाल सेना लेकर धूम्राक्ष रणभूमि में जा पहुँचा। इस विशाल वाहिनी को देख कर वानर सेना घोर गर्जना करती हुई उस पर टूट पड़ी। धूम्राक्ष कंकपत्रों वाले तीक्ष्ण बाणों से वानरों को घायल करने लगा। वे भी राक्षसों के वार बचाकर बड़े-बड़े शिलाखण्ड ले आकाश में उड़ कर उन पर फेंकने लगे। आकाश को उद्यत राक्षसी सेना को अपने प्राण बचाने कठिन हो गये।

फिर भी राक्षस सेना का एक भाग अपने प्राणों की चिन्ता न करके बाणों, त्रिशूलों आदि से वानरों का लहू बहा रहा था। चारों ओर रक्त की नदियाँ बहने लगीं। जिधर देखो उधर ही राक्षसों और वानरों के रुण्ड-मुण्ड दिखाई देते थे। कानों के पर्दों को फाड़ने वाला चीत्कार और हाहाकार सुनाई दे रहा था। रणोन्मत्त धूम्राक्ष हताहत वीरों के शरीरों को रौंदता हुआ अपने अग्नि बाणों से वानर सेना को भस्मीभूत कर रहा था। उसके आक्रमण की ताव न लाकर वानर सेना इधर-उधर भागने लगी। अपनी सेना की यह दुर्दशा देख कर हनुमान ने क्रोध से भरकर एक विशाल शिला उखाड़ी और लक्ष्य तानकर धूम्राक्ष की ओर फेंक दी।

उस शिला को अपनी ओर आते देख वह फुर्ती से रथ से कूद पड़ा। इस बीच में रथ चूर-चूर हो चुका था और घोड़े तथा सारथी मर चुके थे। राक्षस सेनापति को इस प्रकार बचता देख हनुमान का क्रोध और भी भड़क उठा। उन्होंने दाँतों, नाखूनों से उनके और धूम्राक्ष के बीच में आने वाले राक्षस समुदाय का विनाश करके मार्ग साफ कर लिया। जब उसने हनुमान को भयंकर रूप से अपनी ओर आते देखा तो लोहे के काँटों से भरी हुई गदा उठाकर उनके सिर पर दे मारी। हनुमान ने वार बचा कर एक भारी शिला उठाई और आकाश में उड़ कर धूम्राक्ष को दे मारी। इससे उसके शरीर की समस्त हड्डियाँ टूट गईं और वह पृथ्वी पर गिरकर यमलोक सिधार गया। उसके मरते ही राक्षस भी भाग छूटे।

रावण ने जब धूम्राक्ष की मृत्यु का समाचार सुना तो वह क्रोध से पागल हो गया। उसके नेत्रों से चिंगारियाँ निकलने लगीं। उसने वज्रदंष्ट्र को बुलाकर आज्ञा दी कि वह राम-लक्ष्मण तथा हनुमान सहित वानरसेना का वध करके अपने शौर्य का परिचय दे। वज्रदंष्ट्र जितना वीर था, उससे अधिक मायावी था। वह अपनी भीमकर्मा पराक्रमी सेना लेकर दक्षिण द्वार से चला। युद्धभूमि में पहुँचते ही उसने अपने सम्मुख अंगद को पाया जो अपनी सेना के साथ उससे युद्ध करने के लिये तत्पर खड़ा था। वज्रदंष्ट्र को देखते ही वानर सेना किचकिचा कर राक्षसों पर टूट पड़ी। दोनों ओर से भयंकर मारकाट मच गई। सम्पूर्ण युद्धभूमि रुण्ड-मुण्डों, हताहत सैनिकों तथा रक्त के नालों एवं सरिताओं से भर गई। रक्त सरिताओं में नाना

प्रकार के शस्त्र-शस्त्र, कटे हुये हाथ तथा मस्तक छोटे-छोटे द्वीपों की भाँति दिखाई देने लगे। अंगद तथा वानर सेनापतियों द्वारा बार-बार की जाने वाली सिंहगर्जना ने राक्षस सैनिकों का मनोबल तोड़ दिया। जब उन्हें अपने चारों ओर राक्षसों के कटे हुये अंग दिखाई देने लगे तो वह अपने प्राणों के मोह से रणभूमि से पलायन करने लगे।

अपनी सेना को मरते-कटते और कायरों की तरह भागते देख वज़्रदंष्ट्र दुगने पराक्रम और क्रोध से युद्ध करने लगा। उसने तीक्ष्णतर बाणों का प्रयोग करके वानरों को घायल करना आरम्भ कर दिया। क्रुद्ध वज़्रदंष्ट्र के भयानक आक्रमण से पीड़ित होकर वानर सेना भी इधर-उधर छिपने लगी। उनकी यह दशा देखकर अंगद ने उस राक्षस सेनापति को ललकारा, वज़्रदंष्ट्र! तूने बहुत मारकाट कर ली। तेरा अंत समय आ गया है। अब मैं तुझे धूम्राक्ष के पास भेजता हूँ। यह कहकर अंगद उससे जाकर भिड़ गये। दोनों महान योद्धा मस्त हाथियों की भाँति एक दूसरे पर प्रहार करने लगे। दोनों ही रक्त से लथपथ हो गये। फिर अवसर पाकर अंगद ने तलवार से वज़्रदंष्ट्र का सिर काट डाला। अपने सेनापति के मरते ही राक्षस सेना मैदान से भाग खड़ी हुई।

• धूम्राक्ष और वज़्रदंष्ट्र का वध - युद्धकाण्ड

वालिपुत्र अंगद के हाथ से वज़्रदंष्ट्र के वध का समाचार सुनकर रावण ने सेनापति अकम्पन को उसके शौर्य एवं पराक्रम की प्रशंसा करते हुये राम-लक्ष्मण के विरुद्ध युद्ध करने के लिये भेजा। महापराक्रमी अकम्पन सोने के रथ में बैठकर असंख्य चुने हुये भयानक नेत्रोंवाले भयंकर राक्षस सैनिकों के साथ नगर से बाहर निकला। महासमर में देवता भी उसे कम्पित नहीं कर सकते थे, इसीलिये वह अकम्पन नाम से विख्यात था। रणभूमि में पहुँचते ही उसने दसों दिशाओं को कँपाने वाला सिंहनाद दिया। उसके सिंहनाद से अविचल वीर वानर सेना राक्षस दल पर टूट पड़ी। एक बार फिर अभूतपर्व युद्ध आरम्भ हो गया। उन सबके ललकारने और गरजने के स्वर के सामने सागर की गर्जना भी फीकी प्रतीत होने लगी।

परस्पर युद्ध करते हुए वानरों और राक्षसों के द्वारा उड़ाई गई लाल रंग के धूल ने दसों दिशाओं को आच्छादित कर दिया और सम्पूर्ण वातावरण अन्धकारमय हो गया। उस महाअन्धकार में योद्धा अपने तथा विपक्षी दल के सैनिकों में भेद न कर सके। वानर वानरों को और राक्षस राक्षसों को मारने लगे। इस युद्ध में वीर वानर कुमुद, नल, मैन्द और द्विविद ने कुपित हो अपना उत्तम वेग प्रकट किया तथा उनके इस वेग से उत्साहित वानरों ने क्रुद्ध होकर वृक्षों, शिलाओं, दाँतों तथा नाखूनों से रिपुदल में भयंकर मारकाट मचा दी जिससे उसके पाँव उखड़ने लगे।

अपनी सेना के पैर उखड़ते देख अकम्पन मेघों के समान गर्जना करके अग्नि बाणों से वानर दल को जलाने लगा। वानर सेना को इस प्रकार अग्नि में भस्म होते देख परम तेजस्वी पवनपुत्र हनुमान ने आगे बढ़कर अकम्पन को ललकारा। जब अन्य वानरों ने हनुमान का

रौद्ररूप देखा तो वे भी उनके साथ फिर फुर्ती से युद्ध करने लगे। उधर हनुमान को देखकर अकम्पन भी गरजा। उसने अपने तरकस से तीक्ष्ण बाण निकालकर हनुमान को अपने लक्ष्य बनाया। उन्होंने वार बचाकर एक विशाल शिला अकम्पन की ओर फेंकी। जब तक वह शिला अकम्पन तक पहुँचती तब कर उसने अद्धर्चन्द्राकार बाण छोड़कर उस शिला को चूर-चूर कर दिया। इस प्रकार शिला के नष्ट होने पर हनुमान ने कर्णिकार का वृक्ष उखाड़कर अकम्पन की ओर फेंका। अकम्पन ने अपने एक बाण से उस वृक्ष को भी नष्ट किया और एक साथ चौदह बाण छोड़कर हनुमान के शरीर को रक्तरंजित कर दिया। इससे हनुमान के क्रोध की सीमा न रही। उन्होंने एक विशाल वृक्ष उखाड़कर अकम्पन के सिर पर दे मारा। इससे वह प्राणहीन होकर भूमि पर गिर पड़ा। अकम्पन के मरते ही सारे राक्षस सिर पर पैर रख कर भागे। वानरों ने उन भागते हुये शत्रुओं को पेड़ों तथा पत्थरों से वहीं कुचल दिया। जो शेष बचे, उन्होंने रावण को अकम्पन के मरने की सूचना सुनाई।

- अकम्पन का वध - युद्धकाण्ड

रावण अकम्पन को अदम्य समझता था इसलिये उसकी मृत्यु से रावण को भारी आघात पहुँचा। वह गहन शोक में डूब गया। रात्रि को वह शान्ति से विश्राम भी न कर सका। दूसरे दिन उसने मन्त्रियों को बुलाकर कहा, वानरों की सेना हमारी कल्पना से भी अधिक शक्तिशाली और पराक्रमी सिद्ध हुई है। पिछले चार दिनों में हमारी बहुत सी सेना मारी जा चुकी है। सैनिकों का मनोबल टूटने लगा है। नागरिकों को शत्रु के घेरे के कारण बाहर से उपलब्ध होने वाली खाद्य सामग्री प्राप्त नहीं हो रही है। वे अत्यन्त दुःखी हो रहे हैं। चार दिन के युद्ध को देखकर मैं इस निष्कर्ष पर पहुँचा हूँ कि शत्रु पर विजय प्राप्त करना साधारण राक्षसों के लिये सम्भव नहीं है। इसलिये हे वीर प्रहस्त! मुझे ऐसा प्रतीत होता है कि शत्रु को परास्त करने के लिये कुम्भकर्ण को, मेघनाद को, तुम्हें अथवा मुझे ही आगे आना पड़ेगा। अतः आज युद्ध का नेतृत्व तुम करो। तुम युद्ध कला विशारद हो। ये वानर चंचल और वीर तो हैं, परन्तु प्रशिक्षित नहीं हैं। तुम युद्ध नीति से उन पर विजय प्राप्त कर सकते हो। इसलिये हे वीर! तुम शीघ्र जाकर राम-लक्ष्मण सहित समस्त शत्रुओं का संहार कर मुझे निश्चिंत करो।

अपने ऊपर इस प्रकार का विश्वास व्यक्त करते देख प्रहस्त ने कहा, आज मैं अपने अतुल पराक्रम से शत्रु सेना का विनाश करके आप को निश्चिंत कर दूँगा। आज मेरे कृपाण के शौर्य से मैं रणचण्डी को प्रसन्न करके चील, कौवों, गीदड़ों आदि को शत्रु का माँस खिलाकर तृप्त करूँगा।

इतना कहकर वह भयानक राक्षसों की सेना को लेकर युद्धस्थल की ओर चल दिया।

इस विशालकाय सेनापति को सदल-बल आते देख रामचन्द्र जी ने विभीषण से पूछा, हे लंकापति! यह विशाल देह वाला सेनापति कौन है? क्या शूरवीर है?

विभीषण ने उत्तर दिया, हे रघुकुलतिलक! यह रावण का मन्त्री और वीर सेनापति प्रहस्त है। लंका की सेना का तीसरा भाग इसके अधिकार में है। यह बड़ा बलवान, पराक्रमी तथा युद्धकला विशारद है।यह सुनकर श्रीराम ने सुग्रीव से कहा, हे वानराधिपति! ऐसा प्रतीत होता है कि रावण को इस पर बहुत विश्वास है। तुम इसे मारकर रावण का विश्वास भंग करो। इसके मरने पर रावण का मनोबल गिर जायेगा।

राम का निर्देश पाते ही सुग्रीव ने श्रेष्ठ वानर सेनापतियों को यथोचित आज्ञा दी, जो बड़े वेग से राक्षसों पर टूट पड़े। राक्षस भी तोमर, त्रिशूल, गदा, तीर-कमान आदि से वानर सेना पर आक्रमण करने लगे। प्रहस्त ने स्वयं और उसके सेनानायकों ने अपने अप्रतिम रण कौशल से भयंकर दृश्य उपस्थित कर दिया और सहस्त्रों वानरों का सफाया करके रणभूमि को शवागार बना दिया। यह देख अनेक महारथी वानर अपनी पूरी शक्ति से राक्षसों से जूझने लगे। उन्होंने भी भयानक प्रतिशोध लेकर सहस्त्रों राक्षसों को सदा के लिये समरभूमि में सुला दिया। एक ओर राक्षसों की तलवार से कट-कट कर सैकड़ों वानर भूमि पर धराशायी हो रहे थे तो दूसरी ओर वानरों के घूँसों और थप्पड़ों की मार से सहस्त्रों राक्षस रक्त की उल्टियाँ कर रहे थे। कभी वीरों की गर्जना से भूमि काँप उठती और कभी आहतों के चीत्कार से आकाश थर्रा उठता। ऐसा प्रतीत होता था कि रक्त की सरिता में बाढ़ आ गई है और उसने सागर का रूप धारण कर लिया है।

जब वानर वीर द्विविद ने महावीर नरान्तक के हाथों अपने सैनिकों की दुर्गति होती देखी तो एक भारी शिला का वार करके उसका प्राणान्त कर दिया। द्विविद के इस शौर्य से उत्साहित होकर दुर्मुख ने प्रहस्त के प्रमुख सेनापति समुन्नत को मार गिराया। उधर जाम्बवन्त ने एक भारी शिला से प्रहार करके महानाद का अन्त कर दिया। फिर तारा नामक वानर ने अपने नाखूनों से कम्भानु का पेट चीरकर उसे यमलोक भेज दिया। कुछ ही क्षणों में इन चार सेनानायकों को मरते देख प्रहस्त ने क्रोध करके चारों दिशाओं में बाण छोड़ने आरम्भ कर दिये। इस आकस्मिक आक्रमण से अत्यधिक क्रुद्ध होकर वानर सेना अपने प्राणों का मोह छोड़कर शत्रुओं पर पिल पड़ी। उधर सेनापति नील पर्वत का एक टीला उठाकर प्रहस्त को मारने के लिये दौड़ा। मार्ग में ही प्रहस्त ने अपने बाणों से उस टीले की धज्जियाँ उड़ा दीं। इस पर नील ने एक दूसरा टीला उठाकर उसके रथ पर दे मारा जिससे उसका रथ टूट गया और घोड़े मर गये। रथ के टूटते ही प्रहस्त हाथ में मूसल लेकर नील को मारने के लिये दौड़ा। नील भी कम न था। दोनों परस्पर भिड़ गये। अवसर पाकर प्रहस्त ने मूसल नील के सिर पर दे मारा जिससे उसका सिर फट गया और रक्त बहने लगा। इससे नील को और भी क्रोध आ गया। उसने फुर्ती से एक शिला उठाकर प्रहस्त के सिर पर पूरे वेग से दे मारा जिससे उसका सिर चूर-चूर हो गया और वह मर गया। प्रहस्त के मरते ही उसकी सेना ने पलायन कर दिया।

- प्रहस्त का वध - युद्धकाण्ड

अग्निपुत्र नील के हाथों प्रहस्त के वध का समाचार सुनते ही रावण क्रोध से तमतमा उठा; किन्तु थोड़ी ही देर में उसका चित उसके लिये शोक से व्याकुल हो गया। उसके मन में भय उत्पन्न होने लगा। वह मन्त्रियों से बोला, शत्रुओं को नगण्य समझकर मैं उनकी अवहेलना करता रहा इसी का परिणाम है प्रहस्त भी मारा गया। अब मैं समझता हूँ कि मुझे परमवीर कुम्भकर्ण को जगाकर रणभूमि में भेजना होगा। केवल वही ऐसा पराक्रमी है जो देखते-देखते शत्रु की सम्पूर्ण सेना का संहार कर सकता है।

रावण की आज्ञा पाकर उसके मन्त्री ब्रह्मा के शाप के कारण सोये हुये कुम्भकर्ण के पास जाकर उसे जगाने लगे। जब वह चीखने-चिल्लाने और झकझोरने से भी न उठा तो वे लाठियों और मूसलों से मार-मार उसे उठाने लगे। साथ ही ढोल, नगाड़े तथा तुरहियों को बजाकर भारी शोर करने लगे, किन्तु उसकी नींद न खुली। अन्त में तोपों को दागकर, उसकी नाक में डोरी डालकर बड़ी कठिनाई से उसे जगाया गया। जब उसकी नींद टूटी तो माँस-मदिरा का असाधारण कलेवा करके वह बोला, तुम लोगों ने मुझे कच्ची नींद से क्यों जगा दिया? सब कुशल तो है?

कुम्भकर्ण का प्रश्न सुनकर मन्त्री यूपाक्ष ने हाथ जोड़कर निवेदन किया, हे राक्षस शिरोमणि! लंका पर वानरों ने आक्रमण कर दिया है। अब तक हमारे बहुत से पराक्रमी वीरों तथा असंख्य राक्षस सैनिकों का संहार हो चुका है। मारे जाने वालों में खर-दूषण, प्रहस्त आदि महारथी सम्मिलित हैं। लंका भी जला दी गई है। ये सब वानर अयोध्या के राजकुमार राम की ओर से युद्ध कर रहे हैं। इस भयंकर परिस्थिति के कारण ही महाराज ने आपको जगाने की आज्ञा दी है। अब आप जाकर उन्हें धैर्य बँधायें।

यह समाचार सुनकर कुम्भकर्ण स्नानादि से निवृत होकर राजसभा में रावण के पास पहुँचा। उसके चरणस्पर्श करके बोले, महाराज! आपने मुझे किसलिये स्मरण किया है?

कुम्भकर्ण को देखकर रावण प्रसन्न हुआ। वह बोला, महाबली वीर! दीर्घकाल तक सोते रहने के कारण तुम्हें यहाँ के विषय में कोई जानकारी नहीं है। अयोध्या के राजकुमार राम और लक्ष्मण वानरों की सेना को लेकर लंका का विनाश कर रहे हैं। उन्होंने समुद्र पर पुल बाँधकर उसे पार कर लिया है। इस समय लंका के चारों ओर वानर ही वानर दिखाई देते हैं। प्रहस्त, खर, दूषण आदि असंख्य वीर राक्षस सेना के साथ मारे जा चुके हैं। लंका में भय से त्राहि-त्राहि मच रही है। तुम पर मुझे पूर्ण विश्वास है। तुमने देवासुर संग्राम में देवताओं को खदेड़ कर जो अद्भुत वीरता दिखाई थी, वह मुझे आज भी स्मरण है। इसलिये तुम वानर सेना सहित दोनों भाइयों का संहार करके लंका को बचाओ।

इसके अतिरिक्त रावण ने विभीषण के निष्कासन आदि की बातें भी उसे विस्तारपूर्वक बताईं।

यह सुनकर कुम्भकर्ण ने पहले तो रावण को नीति सम्बन्धी बहुत सी बातें कहते हुए रावण को उपालम्भ दिया। फिर वह बोले, भैया! आप भाभी मन्दोदरी और भैया विभीषण द्वारा दी हुई सम्मति के अनुसार कार्य करते तो आज लंका की यह दुर्दशा न होती। आपने मूर्ख

मन्त्रियों के कहने में आकर स्वयं दुर्दिन को आमन्त्रण दिया है। परन्तु अब जो हो गया सो हो गया। उस पर पश्चाताप करने से क्या लाभ? अब आप के अनुचित कर्मों के फलस्वरूप उत्पन्न भय को मैं दूर करूँगा। मैं उन दोनों भाइयों का वध करूँगा और दुःखी राक्षसों के आँसू पोछूँगा। आप शोक न करें। मैं शीघ्र ही राम-लक्ष्मण का सिर आपके चरणों में रखूँगा।

• रावण कुम्भकर्ण संवाद - युद्धकाण्ड

शोकमग्न रावण को धैर्य बँधाकर कुम्भकर्ण युद्धभूमि में पहुँचा। स्वर्ण कवच से सुसज्जित कुम्भकर्ण ने हाथों में विद्युत के सदृश प्रकाशित भयंकर शूल उठा रखा था। लाखों चुने हुये सैनिकों को लेकर रणभूमि में पहुँचते ही उसने पृथ्वी को कँपा देने वाली भयंकर गर्जना की जिससे अनेक वानर मूर्छित होकर पृथ्वी पर गिर पड़े। इस विशाल पर्वताकार पराक्रमी राक्षस को देखकर साधारण वानरों की तो बात ही क्या; नल, नील, गवाक्ष तथा कुमुद जैसे पराक्रमी योद्धा भी भयभीत होकर रणभूमि से पलायन करने लगे। असंख्य वानर सैनिकों ने भी अपने इन सेनानायकों का अनुसरण किया। अपनी सेना को इस प्रकार प्राणों के भय से भागते देख युवराज अंगद ने ललकार कर कहा, हे वानरों! क्या इस प्रकार शत्रु को पीठ दिखाना तुम्हें शोभा देता है? तुम जैसे वीरों को भी प्राणों का मोह सताने लगा? धिक्कार है तुम्हें और तुम्हारी वीरता को! जिस कुम्भकर्ण को देखकर तुम भाग रहे हो, क्या वह कोई असाधारण योद्धा है? माँस मदिरा का सेवन करके उसका शरीर फूल गया है। वह तो बड़ी सरलता से मारा जायेगा। क्या रामचन्द्र जी के तेज के सम्मुख यह ठहर सकता है? आओ, लौटकर युद्ध करो। भागकर संसार में अपयश के भागी मत बनो।

अंगद के उत्साह भरे वचन सुनकर वानर सेना पुनः रणभूमि में लौट आई। वे प्राणों का मोह छोड़कर कुम्भकर्ण और उसकी सेना पर आक्रमण करने लगे। कुम्भकर्ण भी अपनी विशाल गदा के प्रहार से वानर सेना को मार-मार कर ढेर लगाने लगा। फिर भी शेष वानर वृक्षों तथा शिलाओं से राक्षस सेना का विनाश करने में जुटे रहे। कुम्भकर्ण उस समय साक्षात् यमराज प्रतीत हो रहा था। वह वानरों को गाजर मूली की भाँति काटकर ढेर लगाता जा रहा था। उसके चारों ओर हताहत वानरों के शरीर ही शरीर दिखाई दे रहे थे। क्रुद्ध होकर द्विविद ने एक पर्वत के टीले को उठाकर आकाश से कुम्भकर्ण के सिर पर मारा। कुम्भकर्ण तो उस वार से बच गया, किन्तु बहुत से राक्षस उसके नीचे दबकर मर गये।

राक्षसों की इतनी भारी क्षति से उत्साहित होकर वानरों ने दूने बल से राक्षस सेना का संहार आरम्भ किया जिससे सम्पूर्ण समरभूमि में रक्त की नदियाँ बहने लगीं। अब कुम्भकर्ण पर हनुमान भी आकाश मार्ग से पत्थरों की वर्षा करने लगे, परन्तु उस पर इसका कोई प्रभाव नहीं पड़ा। वह अपने शूल से पत्थरों के टुकड़े करके इधर-उधर छितराता रहा। इस प्रकार अपने वार खाली जाते देख हनुमान ने एक नुकीला वृक्ष उठाकर कुम्भकर्ण पर वार किया और उसका शरीर लहूलुहान कर दिया। उसने जब अपने शरीर से शोणित बहता देखा

तो उसने वज्र के सदृश एक शूल पवनकुमार के मारकर उनकी छाती चीर दी। उसकी पीड़ा से वे व्याकुल हो गये। उनके मुख से रक्त बहने लगा हनुमान की यह दशा देखकर राक्षस सेना ने जयनाद किया और वे तीव्र वेग से मारकाट मचाने लगे।

हनुमान को घायल होता देख गन्धमादन, नील, ऋषभ, शरभ तथा गवाक्ष, पाँचों पराक्रमी सेनानायक एक साथ कुम्भकर्ण पर टूट पड़े। इस संयुक्त आक्रमण का भी उस पर कोई विशेष प्रभाव नहीं पड़ा। उसने पाँचों को पकड़कर इस प्रकार मसला कि वे मूर्छित होकर पृथ्वी पर गिर पड़े। अपने सेनानायकों को इस प्रकार मूर्छित होते देख वानर सेना एक साथ कुम्भकर्ण से चिपट गई। वह इससे भी विचलित नहीं हुआ और मुक्कों से मार-मार कर उनका सफाया करने लगा। सैकड़ों को उसने पूँछ पकड़-पकड़ कर फेंक दिया और बहुत से वानरों को पैरों के तले रौंद डाला।

जब उसके सम्मुख हनुमान, अंगद, नील, द्विविद, सुग्रीव जैसे वीर भी न ठहर सके और वानरों का अभूतपूर्व विनाश होने लगा तो सेना में भगदड़ मच गई। उन्होंने रामचन्द्र जी के पास जाकर गुहार की, हे रघुवीर! कुम्भकर्ण ने हमारी सेना को तहस-नहस कर दिया है। हमारे बड़े-बड़े सेनापति घायल हो गये हैं। वह यमराज की भाँति हमारी सेना का घोर विनाश कर रहा है। ऐसा प्रतीत होता है कि वह हमारी सम्पूर्ण सेना को नष्ट कर डालेगा। इसलिये हम आपकी शरण में आये हैं। अब आप ही कुछ कीजिये, अन्यथा आज हमारी सेना का नामोनिशान नहीं बचेगा।

अपनी सेना की दुर्दशा का वृतान्त सुनकर लक्ष्मण का मुख क्रोध से रक्तवर्ण हो गया। वे राम की अनुमति लेकर कुम्भकर्ण से युद्ध करने के लिये चले। उनके पीछे-पीछे वानर सेनापति भी जयघोष करते हुये चले। अपने सम्मुख लक्ष्मण को देखकर कुम्भकर्ण ने हर्षनाद करते हुये कहा, लक्ष्मण! मुझसे युद्ध करने का तुम्हारा साहस देखकर मैं प्रसन्न हुआ। तुम अभी बालक हो और मैं तुम्हारा वध नहीं करना चाहता। तुम लौट जावो और राम को भेजो, मैं उसका ही वध करूँगा।

इस प्रकार से लक्ष्मण का निरादर करके कुम्भकर्ण उस ओर दौड़ा जहाँ राम खड़े थे। कुम्भकर्ण को अपनी ओर आते देख वे उस पर रौद्र अस्त्रों से प्रहार करने लगे। जब इन अस्त्रों का उस पर कोई प्रभाव न पड़ा तो उन्होंने मयूर पंखों से सुसज्जित तीक्ष्ण बाण छोड़कर उसकी छाती फाड़ दी।

इसकी पीड़ा से वह व्याकुल हो गया। उसके हाथों से गदा तथा अन्य अस्त्र छूटकर पृथ्वी पर गिर पड़े। जब रामचन्द्र जी के आगे उसकी एक न चली तो वह खिसियाकर मुक्कों, लातों और थप्पड़ों से वानरों को मारने लगा। इस पर श्री राम ने उसे फिर ललकारा और तीक्ष्ण बाणों से उसके शरीर को छलनी कर दिया। तब कुपित होकर कुम्भकर्ण ने पृथ्वी से एक भारी शिला उठाकर रामचन्द्र जी पर फेंकी जिसे उन्होंने सात बाण मारकर चूर-चूर कर दिया। फिर तीक्ष्ण नोक वाले तीन बाण छोड़कर उसका कवच तोड़ डाला। कवच के टूटते ही वानरों ने फिर उस पर धावा बोल दिया। उनसे घायल होकर वह क्रोध में इतना पागल हो गया कि उसे

अपने और पराये का भी ज्ञान न रहा। उसने वानरों और राक्षसों सभी को मारना आरम्भ कर दिया। कुम्भकर्ण की यह दशा देखकर राम ने उसे फिर ललकार कर कहा, अरे राक्षस! उन सैनिकों से क्या उलझ रहा है? इधर आकर मुझसे युद्ध कर।

राम की ललकार सुनते ही कुम्भकर्ण सामने आकर बोला, हे राम! बहुत समय से मैं तुम्हारा वध करना चाहता था। आज सौभाग्य से तुम मेरे सम्मुख आये हो। मैं खर, दूषण, विराध का कबन्ध नहीं हूँ; मैं कुम्भकर्ण हूँ। मुझे अपने बल का परिचय दो।

कुम्भकर्ण की ललकार सुनकर रामचन्द्र जी ने अनेक अग्निबाण एक साथ छोड़े, परन्तु उन्हें कुम्भकर्ण ने मार्ग में ही नष्ट कर दिया। इस पर उन्होंने वायव्य बाण छोड़कर उसकी एक भुजा काट डाली। भुजा कटने पर क्रोध और पीड़ा से गर्जता हुआ भी वह वानरों का संहार करने लगा। इस भीषण मारकाट से भयभीत होकर वानर त्राहिमाम्-त्राहिमाम् कहते हुये रामचन्द्र जी के पीछे जाकर खड़े हो गये।

तब रामचन्द्र जी ने ऐन्द्र नामक बाण से उसकी दूसरी भुजा भी काट डाली। फिर उन्होंने अर्द्धचन्द्राकार बाणों से उसके दोनों पैर काट डाले। इससे वह भयंकर शब्द करता हुआ पृथ्वी पर गिर पड़ा। तब उन्होंने इन्द्र द्वारा दिया हुआ सूर्य की किरण की भाँति जाज्वल्यमान ब्रह्मदण्ड नामक बाण छोड़ा जो कुण्डलों से युक्त कुम्भकर्ण के मस्तक को काटकर आकाश में उड़ा और फिर उसे पृथ्वी पर गिरा दिया। कुम्भकर्ण के मरते ही वानर सेना में हर्ष की लहर दौड़ गई। उनके जयनाद ने सम्पूर्ण लंकापुरी को थर्रा दिया। कुम्भकर्ण के मरने के पश्चात् राक्षसों ने रावण को जाकर दुःखद संवाद सुनाया।

कुम्भकर्ण की मृत्यु का समाचार सुनकर रावण मूर्छित हो पृथ्वी पर गिर पड़ा। नरान्तक, देवान्तक, त्रिशिरा आदि राक्षस भी अपने चाचा की मृत्यु का समाचार सुनकर रोने लगे। जब रावण की मूर्छा भंग हुई तो वह विलाप करके रोने लगा। हाय! आज मैं भाई को खोकर बिल्कुल असहाय हो गया। जिस कुम्भकर्ण के नाम से देव-दानव तक थर्राते थे, वह वीर आज मनुष्य और वानरों के हाथों मारा गया। तुम्हारे बिना आज यह राज्य मेरे किस काम का? तुमने ठीक ही कहा था कि मैंने विभीषण की बात न मानकर भूल की थी। हा कुम्भकर्ण! तुम मुझे अकेला क्यों छोड़ गये? बिना भाई के यह जीवन भी कोई जीवन है? मैं तुम्हारे बिना अब किस के भरोसे जिउँगा? इस प्रकार विलाप करते हुये वह फिर मूर्छित हो गया।

जब रावण को फिर सुधि आई तो त्रिशिरा ने उसे धैर्य बँधाते हुये कहा, पिताजी! चाचाजी के मरने का आप इतना शोक क्यों करते हैं? उन्होंने तो शत्रु के छक्के छुड़ाने के पश्चात् ही वीर गति प्राप्त की है। अभी आपको निराश होने की क्या आवश्यकता है, आपके पास तो ब्रह्मा की दी हुई शक्ति है। उसी से आप सेना सहित राम का नाश कीजिये। हम सब भी आपके साथ चलेंगे। आप अभी शोकाकुल हैं विश्राम कीजिये। हमें रणभूमि में जाने की अनुमति दीजिये।

त्रिशिरा के इन वचनों को सुनकर रावण को कुछ धैर्य बँधा और उसने अपने पुत्रों को युद्ध में जाने की अनुमति दे दी।

- कुम्भकर्ण वध - युद्धकाण्ड

लंकेश रावण के आज्ञानुसार उसके चार पुत्र त्रिशिरा, अतिकाय, देवान्तक तथा नरान्तक अपने दो चाचाओं महोदर एवं महापार्श्व के साथ युद्ध करने के लिये चले। उनके पीछे हाथियों, घुड़सवारों, रथों की एवं पैदल सेना थी। युद्धभूमि में उनका सामना करने के लिये वानरों की अपार सेना पत्थरों, शिलाओं तथा बड़े-बड़े वृक्षों को लिये तैयार खड़ी थी। राक्षस सेना को देखते ही उन्होंने भयंकर गर्जना की और वे शत्रुओं पर टूट पड़ी। वानरों के पत्थरों एवं वृक्षों द्वारा किये जाने वाले आक्रमण के प्रतिउत्तर में राक्षस बाणों, लौह-मुद्गरों तथा अन्य शस्त्रों से वार करने लगे।

इस भयंकर युद्ध के परिणामस्वरूप थोड़ी ही देर में सम्पूर्ण रणभूमि रक्त-रंजित हो गई। राक्षस सेनानायकों ने इतनी भीषण मारकाट मचाई कि चारों ओर वानरों के हताहत शरीर दिखाई देने लगे। राक्षस सैनिकों की भी ऐसी ही दशा थी। उनके घायल शरीर वानरों के शरीरों के साथ मिलकर एक वीभत्स दृष्य उत्पन्न कर रहे थे। जिनके अस्त्र-शस्त्र समाप्त हो जाते थे या नष्ट हो जाते थे, वे परस्पर भिड़कर लात-घूँसों का प्रयोग करने लगते थे। राक्षस वानरों की पूँछ पकड़कर उन्हीं से अन्य वानरों को मारते थे तो वानर राक्षसों की टाँगें पकड़कर उन्हें घमाते हुये अन्य राक्षसों पर वार करते थे। उस समय दोनों दल के पराक्रमी सैनिक निर्भय होकर शत्रुओं का विनाश करने में जुटे हुये थे।

जब वानर सेनानायकों ने राक्षसों को भारी संख्या में मार डाला तो रावण के पुत्र नरान्तक ने क्रोध में भरकर अपने रणकौशल का प्रदर्शन करते हुये थोड़ी ही देर में सहस्त्रों वानरों को मार गिराया। इससे वानर सेना में हाहाकार मच गया। यह हाहाकार सुन अंगद ने क्रोधित होकर नरान्तक को ललकारा।

अंगद की ललकार सुनकर नरान्तक ने गरजते हुये उसके वक्ष पर प्रास का वार किया किन्तु अंगद ने फुर्ती से प्रास को तोड़कर नरान्तक के रथ पर ऐसी लात जमाई कि उसका रथ पृथ्वी पर लुढ़क गया और उसके चारों घोड़े गिरकर मर गये। नरान्तक रथ से कूद पड़ा और अंगद के सिर पर घूँसे ही घूँसे बरसाने लगा। तब अंगद ने भी बड़े जोर से उसकी छाती में घूँसा मारा जिससे उसकी आँखों की पुतलियाँ फिर गईं। वह रक्त वमन करता हुआ पृथ्वी पर ऐसा गिरा कि फिर वह कभी जीवित नहीं उठ सका। नरान्तक के मरते ही वानर सेना ने हर्षनाद किया।

नरान्तक के वध होते ही हाथी पर सवार रावण का भाई महोदर अंगद की ओर बढ़ा। भाई की मृत्यु का प्रतिशोध लेने के लिये देवान्तक और त्रिशिरा भी अपने-अपने रथ दौड़ाते हुये अंगद को मारने के लिये झपटे। तीनों महारथी एक साथ अंगद पर बाण छोड़ने लगे। तीनों के आक्रमणों का मुकाबला करते हुये अंगद ने सबसे पहले महोदर के हाथी को एक ऐसी लात जमाई कि वह गम्भीर गर्जना करता हुआ मैदान से भाग निकला। अंगद ने भागते हुये हाथी के दाँत उखाड़कर उनसे ही शत्रु का संहार करना आरम्भ कर दिया। जब हनुमान ने अंगद

को तीन महारथियों से घिरा देखा तो उन्होंने लपककर देवान्तक की छाती में इतने जोर का मुक्का मारा कि वह वहीं तड़पकर ठंडा हो गया।

अपनी आँखों के सामने देवान्तक को इस प्रकार मरते देखकर त्रिशिरा और महोदर के नेत्रों से ज्वाला फूटने लगी। उन दोनों ने भयंकर बाणों की मार से अंगद, हनुमान सहित अनेक सेनानायकों को व्याकुल कर दिया। नील ने अपने वीरों को इस प्रकार घायल होते देख किलकिलाकर एक बहुत भारी शिलाखण्ड उखाड़ा। फिर उसे महोदर के सिर पर दे मारा। उसके नीचे महोदर पिस कर मर गया। इसके मरने पर त्रिशिरा ने वानर सेना पर एक साथ अनेक बाण छोड़े, किन्तु इस समय वानर सेना का साहस बढ़ा हुआ था और नरान्तक, देवान्तक तथा महोदर जैसे सेनापतियों के मारे जाने के कारण राक्षस सेना के पैर उखड़ने लगे थे। अवसर पाकर हनुमान ने कूदकर त्रिशिरा का सिर धड़ से अलग कर दिया।

इस प्रकार चार महारथियों के मारे जाने पर महापार्श्व ने क्रोध से उन्मत्त होकर लोहे की भारी गदा से वानरों पर वार करना आरम्भ कर दिया। देखते ही देखते बीसियों वानर उसकी क्रोधाग्नि में जलकर स्वाहा हो गये। उस समय उसकी रक्तरंजित गदा प्रलयंकर अग्नि की भाँति वानरों को अपना ग्रास बना रही थी। इस पर ऋषभ नामक तेजस्वी वानर योद्धा ने क्रुद्ध होकर महापार्श्व को बड़ी जोर से लात मारी। उस आघात को न सह सकने के कारण महापार्श्व पृथ्वी पर गिर पड़ा। उसके गिरते ही वानर सेना ने चारों ओर से उसे घेरकर उसका शरीर नखों और दाँतों से फाड़ डाला जिससे वह तड़प-तड़प कर मर गया।

इन पाँचों महारथियों की मृत्यु से सेनापति अतिकाय को बड़ा क्रोध और क्षोभ हुआ। वह अपना विशाल रथ लेकर वानर सेना में घुस आया। उसे अपने बल पर बड़ा गर्व था क्योंकि वह अनेक बार देवताओं और दानवों को लोहे के चने चबवा चुका था। उसके भयंकर संहार से त्रस्त वानर सैनिक त्राहि-त्राहि करते हुये रामचन्द्र जी के पास पहुँचे। उसके विराट रूप और अद्भुत रणकौशल को देखकर उन्होंने विभीषण से पूछा, हे विभीषण! यह पर्वताकार अद्भुत वीर सेनानी कौन है जो वानर सेना का प्रलयंकर विनाश कर रहा है?

विभीषण ने बताया, यह रावण का पुत्र अतिकाय है। मन्दोदरी इसकी माता है। साहस और पराक्रम में यह रावण से किसी भी प्रकार कम नहीं है। इसने अपनी तपस्या के बल पर दिव्य कवच तथा रथ प्राप्त किये हैं। सहस्त्रों बार इसने देवताओं और दानवों को परास्त किया है। इसलिये आप इसे मारने का शीघ्र ही उपाय करें, अन्यथा यह हमारी सम्पूर्ण सेना का विनाश कर देगा।

इतने में वानर सेना में अभूतपूर्व मारकाट मचाता हुआ अतिकाय रामचन्द्र जी के पास अपना रथ दौड़ाता आ पहुँचा और उनसे क्रोध तथा गर्वपूर्वक बोला, हे तुच्छ मनुष्यों! तुम दोनों भाई मेरे हाथों से क्यों इन बेचारे वानरों का नाश कराते हो? इन्हें मारने में न तो मेरा पराक्रम है और न मेरी कीर्ति ही है। इसलिये मैं तुमसे कहता हूँ कि यदि तुममें युद्ध करने की क्षमता और साहस हो तो मेरे साथ युद्ध करो अन्यथा लौट जाओ और वानर सेना से युद्ध बन्द करने के लिये कह दो।

अतिकाय के दर्प भरे इन वचनों को सुन कर लक्ष्मण बोले, अरे राक्षस! तू बढ़-चढ़ जितनी बातें बना रहा है, उतना वीर तो तू दिखाई नहीं देता। तेरा सिर तेरे धड़ से मैं उसी प्रकार अलग कर दूँगा जिस प्रकार आँधी पके हुये ताड़ के फल को गिरा देती है। संभाल अपने अस्त्र-शस्त्र और देख, मेरे बाण तेरे वक्ष का कैसे रक्तपान करते हैं। लक्ष्मण के ये कठोर वचन सुनकर अतिकाय ने क्रुद्ध हो एक जलता हुआ बाण उन पर छोड़ा।

लक्ष्मण ने उस सर्पाकार बाण को अपने अर्द्धचन्द्राकार बाण से काटकर दूसरा अग्निबान उसके मस्तक को लक्ष्य करके छोड़ा जो सीधा उसके मस्तक में घुस गया जिससे रक्त का फौवारा छूट निकला। एक बार तो वह थर्रा गया, किन्तु शीघ्र ही संभलकर वह फिर आक्रमण करने लगा। दोनों ही वीर अपनी-अपनी रक्षा करते हुये अद्भुत रणकौशल का परिचय देने लगे। अतिकाय बार-बार सिंह गर्जना करके लक्ष्मण को आतंकित करना चाहता था, किन्तु इस गर्जना का उन पर उल्टा ही प्रभाव पड़ रहा था। जितना ही वह अधिक जोर से गरजता, उतने ही अधिक कौशल और स्फूर्ति से लक्ष्मण बाणों की वर्षा करते। जब अतिकाय का हस्तलाघव क्षीण होता दिखाई नहीं दिया तो लक्ष्मण ने क्रुद्ध होकर उस पर ब्रह्मशक्ति छोड़ी। अतिकाय ने उसे प्रत्याक्रमण करके रोकने का निष्फल प्रयास किया। उस ब्रह्मशक्ति ने अतिकाय का सिर काटकर उड़ा दिया। उसके मरते ही राक्षस सेना निराश होकर मैदान छोड़ गई।

- ### त्रिशिरा, अतिकाय आदि का वध - युद्धकाण्ड

युद्ध में चार पराक्रमी पुत्रों और दो भाइयों के मारे जाने का समाचार सुनकर रावण को बहुत अधिक दुःख और रोष हुआ। हताश होकर वह सोचने लगा कि इस शत्रु से कैसे त्राण पाया जाये। अत्यधिक चिन्तन करने पर पर भी उसे कोई मुक्ति नहीं सूझ रही थी। अन्त में उसने मेघनाद को बुलाकर कहा, हे पुत्र! शत्रुओं ने अपनी सेना के सभी श्रेष्ठ योद्धाओं को एक-एक करके मार डाला है। अब मुझे लंका में ऐसा कोई महावीर दिखाई नहीं देता जो राम-लक्ष्मण सहित वानर सेना का विनाश कर सके। अतः मेरी आशा तुम्हारे ऊपर ही टिकी हुई है। इसलिये अब तुम ही रणभूमि में जाकर दुर्दमनीय शत्रुओं का नाश करके लंका की रक्षा करो। तुमने महापराक्रमी इन्द्र को भी परास्त किया है तथा तुम सब प्रकार की युद्ध कला में प्रवीण भी हो। इसलिये तुम्हीं उनका विनाश कर सकते हो।

पिता की आज्ञा के अनुसार मेघनाद दिव्य रथ में आरूढ़ हो विशाल राक्षसी सेना के साथ युद्धभूमि की ओर चला। मार्ग में वह विचार करने लगा कि राम और लक्ष्मण बड़े शक्तिशाली योद्धा हैं जिन्होंने प्रहस्त, कुम्भकर्ण, महोदर तथा अतिकाय जैसे पराक्रमी योद्धाओं का वध कर डाला। यदि किसी प्रकार इनका मनोबल टूट जाय तो इन पर विजय प्राप्त करना सरल हो जायेगा। इस प्रकार विचार करते हुये उसके मस्तिष्क में एक युक्ति आई। उसने अपनी माया के बल से सीता की आकृति का निर्माण किया और उसे रथ में रख

लिया। इसके पश्चात् वह सिंह गर्जना करता हुआ वानर सेना के सम्मुख जा पहुँचा।

मेघनाद सहित शत्रु सेना को सामने देखकर वानर शिला और वृक्ष लेकर उस पर टूट पड़े। हनुमान भी एक भारी शिला उखाड़कर मेघनाद पर झपटे, परन्तु रथ में दीन-मलिन, दुर्बल सीता को देखकर ठिठक गये। फिर उन्होंने सीता को बचाकर मेघनाद पर वार करना आरम्भ कर दिया। हनुमान को लगातार अने ऊपर वार करते देख वह एक हाथ से तलवार खींचकर दूसरे हाथ से मायानिर्मित सीता के केश पकड़ उसे झकझोरने लगा। सीता की यह दुर्दशा देखकर क्रोध और सन्ताप से विदीर्ण हुये पनवपुत्र बोले, अरे नीच! ब्राह्मण की सन्तान होते हुये तुझे स्त्री पर हाथ उठाते लज्जा नहीं आती? धिक्कार है तेरी बुद्धि और बल पर। एक अबला को मारकर अपनी वीरता को कलंकित करते हुये तुझे संकोच नहीं होता? रे दुष्ट! तू जानकी की हत्या करके कभी जीवित नहीं बच सकेगा।

इतना कहकर हनुमान और वानर सेना पत्थर बरसाते हुये उसे मारने के लिये दौड़े, किन्तु मेघनाद और उसके सैनिकों ने उन्हें रथ तक नहीं पहुँचने दिया। उनके सारे प्रयत्नों को निष्फल कर दिया।तब घोर गर्जना करता हुआ मेघनाद बोला, हनुमान! स्त्री पर हाथ डालना यद्यपि धर्म के विरुद्ध है, किन्तु शत्रु को प्रत्येक प्रकार से पीड़ा पहुँचाना नीति के विरुद्ध नहीं है। इसलिये तेरे सामने ही मैं सीता का वध करूँगा। सीता ही सारे दुःखों की जड़ है। उसके मरने के बाद ही लंका में सुख-शान्ति स्थापित होगी।

यह कहकर उसने माया से बनी सीता का सिर काट दिया। सिर कटते ही वानर सेना में निराशा फैल गई। वह दुःख के सागर में डूबकर किंकर्तव्यविमूढ़ सी खड़ी रह गई। इस दशा का लाभ उठाकर राक्षस बड़ी मात्रा में वानरों का विनाश करने लगे। उधर हनुमान ने दुःखी होकर रामचन्द्र जी को समाचार दिया कि मेघनाद ने हमारे सामने सीता जी का सिर तलवार से काट दिया और वे हा राम! हा राम!! कहती हुई स्वर्ग सिधार गईं। यह समाचार सुनते ही राम मूर्छित होकर पृथ्वी पर गिर पड़े। कुछ वानर उन्हें घेरकर चैतन्य करने का प्रयत्न करने लगे। लक्ष्मण भी शोकातुर होकर विलाप करने लगे। साथ ही वे अपने बड़े भाई को होश में लाने की चेष्टा भी करते जाते थे।

जब विभीषण ने यह संवाद सुना तो उसने आकर बड़ी कठिनाई से रामचन्द्र को सचेत किया और समझाते हुये कहा, हे रघुनन्दन! हनुमान ने जो कुछ आपसे कहा है, वह सत्य नहीं है। सीता का वध किसी भी दशा में सम्भव नहीं है। रावण ऐसा कभी नहीं करेगा और न किसी को उन्हें स्पर्श करने देगा। इसमें सन्देह नहीं कि मेघनाद ने आपके साथ छल किया है। इस समय वह रणभूमि में भी नहीं है। मेरी सूचना के अनुसार वह निकुम्मिला देवी के मन्दिर में यज्ञ करने के लिये गया है। इस यज्ञ के सम्पन्न हो जाने पर वह अपराजेय हो जायेगा। इसलिये आप तत्काल सेना सहित लक्ष्मण को उस मन्दिर में भेजकर यज्ञ को पूरा न होने दें और वहीं मेघनाद का वध करा दें। आप लक्ष्मण को आज्ञा दें। मैं भी उनके साथ जाऊँगा। आज यज्ञ पूर्ण होने से पहले मेघनाद का वध होना ही चाहिये।

- **मायासीता का वध - युद्धकाण्ड**

विभीषण की सम्मति के अनुसार रामचन्द्र जी ने लक्ष्मण जी को आज्ञा दी कि वे अपने पराक्रम का परिचय देकर मेघनाद का वध करें। अपने अग्रज की आज्ञा पाते ही लक्ष्मण कवच पहन, हाथ में धनुष बाण ले राम के चरणस्पर्श कर मेघनाद का वध करने के लिये चल पड़े। लक्ष्मण के पीछे-पीछे विभीषण, सुग्रीव, हनुमान, जाम्बवन्त तथा वानरों की विशाल सेना चली। निकुम्मिला देवी के मन्दिर के निकट मेघनाद के रक्षक के रूप में असंख्य पराक्रमी राक्षस हाथी, घोड़ों एवं रथों पर सवार युद्ध के लिये सन्नद्ध खड़े थे। लक्ष्मण को सेना सहित आते देख उन्होंने भयंकर हुंकार की।

हुंकार कि चिन्ता न कर लक्ष्मण तथा अंगद मारकाट मचाते हुये राक्षस सेना में घुस गये। शेष वानर सेना ने भी उनका अनुसरण किया और वृक्षों, पत्थरों तथा शिलाओं की मार से राक्षसों का विनाश करने लगे। बदले में वे भी तीर, भालों, तलवारों तथा गदाओं से वानरों पर प्रति आक्रमण करने लगे। दोनों ओर से होने वाली गर्जनाओं से सम्पूर्ण लंकापुरी गूँज उठी। दोनों ओर भयंकर कारकाट मच रही थी. सैनिकों के मस्तक, धड़, हाथ-पैर आदि कट-कट कर शोणित की सरिता में बह रहे थे। मृत शरीरों का एकत्रित ढेर रुधिर सरिता में द्वीप की भाँति प्रतीत हो रहा था।

अंगद, हनुमान और लक्ष्मण की भयंकर मार से राक्षस सेना त्राहि-त्राहि कर उठी और उनका आर्तनाद सुनकर मेघनाद यज्ञ पूरा किये बिना ही क्रुद्ध होकर युद्ध करने के लिये मन्दिर से निकल पड़ा। जब उसने लक्ष्मण के साथ विभीषण को भी देखा तो क्रोध से उसका मुख तमतमा गया। वह भ्रकुटि चढ़ाकर उससे बोला, हे राक्षसकुलकलंक! तुम परम तेजस्वी पुलस्त्य वंश पर कलंक हो जिसने अपने सहोदर भाई के साथ विश्वासघात करके शत्रु का साथ दिया है।

राम न तो हमारे वंश का है, न हमारा मित्र है और न कोई धर्मपरायण व्यक्ति ही है। फिर तुम उसका साथ क्यों दे रहे हो? यह मत भूलो कि अपना अपना होता है और पराया पराया ही होता है। धिक्कार है तुम्हारी बुद्धि पर जो तुम स्वयं दास बनकर सम्पूर्ण राक्षस जाति को एक विदेशी का दास बनाने के उद्यत हो गये। तुम याद रखना कि राम कभी तुम्हारा सगा नहीं बनेगा। वह यह करकर तुम्हें मरवा देगा कि जो अपने सगे भाई का नहीं हुआ, वह हमारा क्या होगा?

मेघनाद के कठोर वचन सुनकर विभीषण ने उत्तर दिया, हे दुर्बुद्धे! तुझे प्रलाप करते समय यह भी ध्यान नहीं रहा कि मैं तेरे पिता का भ्राता हूँ। इसलिये तुझे मेरे साथ सम्मानपूर्वक वार्तालाप करना चाहिये। स्मरण रख, राक्षस कुल में जन्म लेकर भी मैं क्रूर व्यक्तियों की संगति से सदा बचता रहा हूँ। मैंने तुम्हारे पिता को भी उचित सम्मति दी थी, परन्तु उसे मानना तो एक ओर, उन्होंने भरी सभा में मेरा घोर अपमान किया।

तुम लोग नीतिवान होने का दम्भ करके भी इस साधारण सी बात को भूल गये कि पराई स्त्री का हरण करना, पराया धन बलात् लेना और मित्र पर विश्वास न करना, तीनों ही विनाश के कारण बनते हैं। ये तीनों दुर्गुण तेरे पिता में आ गये हैं, इसलिये अब राक्षस वंश का नाश होने जा रहा है।

विभीषण के इन शब्दों ने मेघनाद की क्रोधाग्नि और भी भड़का दिया और वह क्रोधित होकर अपने तीक्ष्ण बाणों से वानरों का संहार करने लगा। यह देख लक्ष्मण के क्रोध का पारावार न रहा। उन्होंने मेघनाद को ललकार कर उसके रथ को अपने बाणों से आच्छादित कर दिया। मेघनाद ने इन बाणों को काटकर अनेक बाण एक साथ छोड़े। दोनों में से कोई किसी से पीछे नहीं रहना चाहता था। वे गरज-गरज कर रणोन्मत्त सिंहों की भाँति युद्ध कर रहे थे।

मेघनाद की गति जब मन्द पड़ने लगी तो वानर सेना ने उत्साहित होकर लक्ष्मण का जयघोष किया। इससे मेघनाद को बहुत क्रोध आया। उसने एक साथ असंख्य बाण छोड़कर वानर सेना को पीछे धकेल दिया। तब लक्ष्मण ने तीक्ष्ण नोक वाले साते बाण छोड़कर उसका दुर्भेद्य कवच तोड़ डाला जिससे वह टुकड़े-टुकड़े होकर पृथ्वी पर बिखर गया। फिर तो मेघनाद के कवचहीन शरीर में नुकीले तीर घुसकर उसके शरीर को छलनी करने लगे।

इस भयंकर वार से विचलित हो गया और उसने एक हजार बाण मारकर लक्ष्मण के कवच के भी टुकड़े-टुकड़े कर डाले। अब दोनों मतवाले वीर बिना कवच के युद्ध करने लगे। दोनों के शरीरों में एक दूसरे के तीक्ष्ण बाण घुसकर शोणित की धाराएँ प्रवाहित करने लगे। साथ ही उनके बाण एक दूसरे के बाणों को काटकर चिनगारी भी उगलते जाते थे।

उनके रक्तरंजित शरीर ऐसे प्रतीत हो रहे थे मानो वन में टेसू और सेमल के फूल खिल रहे हों। दोनों सेनाएँ इन वीर महारथियों का पराक्रम देखकर विस्मित हो रही थीं जो युद्ध से न हटते थे और न थकते थे।

• **लक्ष्मण मेघनाद युद्ध - युद्धकाण्ड**

विभीषण ने क्रोध करके अग्नि के समान बाणों की बौछार करके राक्षस सेना का विनाश करना आरम्भ कर दिया। विभीषण की बाणवर्षा से प्रोत्साहित होकर वानर सेना पूरे बल से हनुमान के नेतृत्व में शिला और वृक्ष मारकर राक्षसों को यमलोक भेजने लगी। इस महायुद्ध को देखकर देवता-दानव सबके हृदय दहल गये। पृथ्वी पर शवों के अतिरिक्त वृक्षों एवं शिलाओं के समूह से गगनचुम्बी पर्वत बन गये।

वहाँ लक्ष्मण और मेघनाद के बाणों से दसों दिशाएँ आच्छादित हो गई, उनके बाणों से सूर्य छिप गया और चारों ओर अन्धकार छा गया। तभी सुमित्रानन्दन ने मेघनाद के रथ के चारों घोड़ों को मारकर सारथि का सिर काट डाला। यह देखकर राक्षसों के उत्साह पर पाला पड़ गया और वानर सेना में फिर से नवजीवन का संचार हो गया। तभी मेघनाद लपक कर

दूसरे रथ पर चढ़ गया और उस पर से बाणों वर्षा करने लगा।

मेघनाद ने जब दूसरे रथ पर चढ़कर युद्ध करना आरम्भ किया तो विभीषण को बहुत क्रोध आया। उसने पूरे वेग से गदा का वार करके उसके रथ को चूर-चूर कर दिया और सारथि को मार डाला। अपने चाचा द्वारा किये गये इस विनाशकारी आक्रमण से मेघनाद जलभुन गया और उसने एक साथ दस बाण विभीषण को मारने के लिये छोड़े। मेघनाद के लक्ष्य को दृष्टि में रखकर लक्ष्मण ने अपने तीक्ष्ण बाणों से उन बाणों को मार्ग में ही नष्ट कर दिया। अपना वार इस प्रकार खाली जाते देख मेघनाद क्रोध से उन्मत्त हो गया और उसने विभीषण को मारने के लिये वह शक्तिशाली बाण छोड़ा जो उसे यमराज से प्राप्त हुआ था। वह एक अद्भुत बाण था जिसे इन्द्र आदि देवता भी नहीं काट सकते थे और जिसके वार को तीनों लोकों में भी कोई सहन नहीं कर सकता था।

इस यम बाण को अपनी ओर आता देख लक्ष्मण ने भी वह अप्रमेय शक्ति वाला बाण निकाला जो उन्हें कुबेर ने दिया था। उन बाणों के छूटने से सम्पूर्ण आकाश प्रकाश से जगमगा उठा। वे दोनों एक दूसरे से टकराये जिससे भयानक अग्नि उत्पन्न हुई और दोनों बाण जलकर भस्म हो गये। अपने बाण को व्यर्थ जाता देख लक्ष्मण ने मेघनाद पर वरुणास्त्र छोड़ा।

उस प्रलयंकारी अस्त्र का निवारण करने के लिये इन्द्रजित ने आग्नेय बाण छोड़ा। इसके परिणामस्वरूप लक्ष्मण का वरुणास्त्र निरस्त होकर पृथ्वी पर गिर पड़ा। लगभग उसी समय मेघनाद ने लक्ष्मण के प्राण लेने के लिये आसुरास्त्र नामक बाण छोड़ा। उसके छूटते ही सम्पूर्ण वातावरण में अन्धकार छा गया और कुछ भी देखना सम्भव नहीं रह गया। अपने इस सफलता पर मेघनाद ने बड़े जोर की गर्जना की, किन्तु दूसरे ही क्षण लक्ष्मण ने सूर्यास्त्र छोड़कर उस अन्धकार को दूर कर दिया जिससे पृथ्वी, आकाश एवं सभी दिशाएँ पूर्ववत् चमकने लगीं।

उसी के साथ उन्होंने एक अद्वितीय बाण प्रत्यंचा पर चढ़ाते हुये यह कहकर कि यदि रघुवंशमणि महात्मा राम परम सत्यवादी, धर्मपरायण तथा दृढ़व्रती हैं तो हे बाण! तू शीघ्र जाकर दुष्ट मेघनाद को यमलोक पहुँचा वेदमन्त्रों का उच्चारण करते हुये उन्होंने वह बाण छोड़ दिया। तीनों लोकों का क्षय करने की सामर्थ्य वाला वह अजेय बाण सम्पूर्ण वातावरण को प्रकाशित करता हुआ मेघनाद को लगा और उसका मस्तक उड़ाकर आकाश में बहुत दूर तक ले गया। मेघनाद का मस्तकविहीन धड़ बड़े जोर का धमाका करता हुआ पृथ्वी पर गिरा।

इन्द्र को भी समरभूमि में पराजित करने वाले, सम्पूर्ण देवताओं एवं दानवों को अपने नाम से ही भयभीत करने वाले इस परम पराक्रमी मेघनाद का सुमित्रानन्दन के हाथों वध होता देख वानर सेना के आनन्द की सीमा न रही। वे बड़े जोर से हर्षध्वनि और सिंह गर्जना करते हुये राक्षसों को चुन-चुन कर मारने लगे। लंका के महत्वपूर्ण स्तम्भ तथा राक्षसकुल के परम तेजस्वी युवराज को इस प्रकार मरते देख राक्षस सेना का मनोबल टूट गया। उनके पैर उखड़ गये।

कुछ साहसी राक्षस आधे मन से लड़ते रहे और शेष प्राण बचाकर लंका की ओर दौड़े। वानर सेना उस समय विजयोन्माद से ग्रस्त हो रही थी। उसने भागते हुये राक्षसों को भी न छोड़ा और उन पर निरन्तर पत्थरों से आक्रमण करते रहे। जो उनकी पकड़ में आ गये, उन्हें नाखूनों और दाँतों से चीर डाला। एक ओर राक्षस हाहाकार करते हुये भागे जा रहे थे तो दूसरी ओर ऋक्ष एवं वानर राम-लक्ष्मण की जयजयकार करते हुये उन्हें खदेड़ रहे थे। देवताओं एवं ऋषि-मुनियों के भयंकर शत्रु के मर जाने पर सब लोग प्रसन्न हो हर्षनाद कर रहे थे।

• मेघनाद वध - युद्धकाण्ड

अपने पुत्र इन्द्रजित की मृत्यु का समाचार सुनकर रावण दुःखी एवं व्याकुल हो विलाप करने लगा। फिर पुत्रवध के प्रतिशोध की ज्वाला ने उसे अत्यन्त क्रुद्ध कर दिया। वह राक्षसों को एकत्रित कर बोला, हे निशाचरों! मैंने घोर तपस्या करके ब्रह्माजी से अद्भुत कवच प्राप्त किया है। उसके कारण मुझे कभी कोई देवता या राक्षस पराजित नहीं कर सकता। देवासुर संग्राम में प्रसन्न होकर ब्रह्माजी ने मुझे बाण सहित विशाल धनुष भी दिया है। आज मैं उसी धनुष से राम-लक्ष्मण का वध करूँगा। मेरे पुत्र मेघनाद ने वानरों को भ्रम में डालने के लिये माया की सीता बनाकर उसका वध किया था, परन्तु मैं आज वास्तव में सीता का वध करके उस झूठ को सत्य कर दिखाउँगा।

इतना कहकर वह चमचमाती हुई तलवार लेकर सीता को मारने के लिये अशोकवाटिका में जा पहुँचा।

रावण को यह नीच कर्म करने के लिये तैयार देखकर रावण के एक विद्वान और सुशील मन्त्री सुपार्श्व ने उसे रोकते हुये कहा, महाराज दशग्रीव! आप प्रकाण्ड पण्डित और वेद-शास्त्रों के ज्ञाता हैं। क्रोध के वशीभूत होकर आप सीता की हत्या क्यों करना चाहते हैं। किन्तु क्या क्रोध के कारण धर्म को भूलना उचित है? आप सदैव धैर्यपूर्वक कर्तव्य का पालन करते आये हैं। इसलिये यह अनुचित कार्य न करें और हमारे साथ चलकर रणभूमि में राम पर अपना क्रोध उतारें।

मन्त्री के वचन सुनकर रावण वापस अपने महल लौट गया। वहाँ मन्त्रियों के साथ आगे की योजना पर विचार करने लगा। फिर बोला, कल हमको पूरी शक्ति से राम पर आक्रमण कर देना चाहिये।

रावण की आज्ञा पाकर दूसरे दिन प्रातःकाल लंका के वीर राक्षस नाना प्रकार के अस्त्र-शस्त्रों से सुसज्जित होकर वानर सेनाओं से जा भिड़े। परिणाम यह हुआ कि दोनों ओर के वीरों द्वारा किये गये आक्रमण और प्रतिआक्रमण से समरभूमि में रक्त की धारा बह चली जो मृत शरीरों को लकड़ी की तरह बहा रही थी। जब राक्षसों ने वानर सेना की मार-मार कर दुर्गति कर दी तो स्वयं श्री राम ने वानरों पर आक्रमण करती हुई राक्षस सेना का देखते-देखते इस प्रकार सफाया कर दिया जिस प्रकार से तेजस्वी सूर्य की किरणें रात्रि के तम का सफाया

कर देती हैं। उन्होंने केवल आधे पहर में दस हजार रथों, अठारह हजार हाथियों, चौदह हजार अश्वारोही वीरों और दो लाख पैदल सैनिकों को मार गिराया।

जब लंका में इस भयानक संहार की सूचना पहुँची तो सारे नगर में हाहाकार मच गया। राक्षस नारियाँ अपने पिता, पति, पुत्र, भाई आदि का स्मरण कर करके भयानक क्रन्दन करने लगीं। रावण ने क्रुद्ध, दुःखी और शोकाकुल होकर महोदर, महापार्श्व और विरूपाक्ष को युद्ध करने के लिये बुला भेजा। उनके आने पर वह स्वयं भी करोड़ों सूर्यों के समान दीप्तिमान तथा आठ घोड़ों से सुसज्जित रथ पर बैठकर उन्हें साथ ले युद्ध करने को चला। उसके चलते ही मृदंग, पाह, शंख आदि नाना प्रकार के युद्धवाद्य बजने लगे। महापार्श्व, महोदर और विरूपाक्ष भी अपने-अपने रथों पर सवार होकर उसके साथ चले। उस समय सूर्य की प्रभा फीकी पड़ गई। सब दिशाओं में अन्धेरा छा गया। भयंकर पक्षी अशुभ बोली बोलने लगे। धरती काँपती सी प्रतीत होने लगी, ध्वज के अग्रभाग पर गृद्ध आकर बैठ गया। बायीं आँख फड़कने लगी। किन्तु इन भयंकर अशुभ लक्षणों की ओर ध्यान न देकर रावण अपनी सेना सहित युद्धभूमि में जा पहुँचा।

- रावण का युद्ध के लिये प्रस्थान - युद्धकाण्ड

राक्षस सेना को रावण के साथ आया देखकर वानर सेना भी ललकारती हुई सामने आ पहुँची। उसे देखकर रावण का क्रोध और भड़क गया। अत्यन्त क्रोधित हो उसने भारी मारकाट मचा दी। कितने ही वानरों के सिर काट डाले, कितनों के मस्तक कुचल डाले, कितनों ही की वक्ष चीर डाले। जिधर भी उसकी दृष्टि घूम जाती, वहीं उसके बाण वीर यूथपतियों को अपनी मार से व्याकुल कर देते। अन्त में बचे घायल वानरों ने दौड़कर श्री रामचन्द्र जी के पास गुहार लगाई। उनके पीछे-पीछे रावण भी श्री राम के सामने जा पहुँचा।

वानर सेना की दुर्दशा देखकर सुग्रीव ने सेना को संयत रखने का भार वीर सुषेण पर सौंपा और स्वयं एक विशाल वृक्ष उखाड़कर शत्रु पर आक्रमण करने के लिये दौड़ा। अनेक यूथपति भी बड़े-बड़े वृक्ष और पत्थर लेकर उसके पीछे-पीछे चले। उनकी मार से राक्षस सेना धराशायी होने लगी। राक्षस सेना को नष्ट होते देख विरूपाक्ष गर्जना करते हुये सुग्रीव पर आक्रमण करने के लिये दौड़ा। सुग्रीव ने एक बड़ा वृक्ष उस पर दे मारा जिससे विरूपाक्ष का हाथी वहीं मरकर ढेर हो गया। हाथी की पीठ से कूदकर हाथ में तलवार ले विरूपाक्ष सुग्रीव पर झपटा। दोनों में भयंकर युद्ध हुआ। उसकी तलवार से घायल हो सुग्रीव ने क्रोध से दाँत किटकिटाकर उसके वक्ष पर मुक्के का प्रहार किया। इससे वह और क्रुद्ध हो गया और तलवार के एक ही वार से सुग्रीव का कवच काट डाला। तब अत्यन्त कुपित हो सुग्रीव ने उस पर लगातार अनेक प्रहार किये। उसके शरीर से रक्त बहने लगा, एक आँख फूट गई। अन्त में उसने वहीं दम तोड़ दिया।

विरूपाक्ष के वध से कुपित महोदर ने वानर सेना में भयंकर संहार आरम्भ कर दिया। जब घायल होकर वानर इधर-उधर भागने लगे तो सुग्रीव ने एक बड़ी शिला उस पर दे मारी जिसे महोदर ने अपने बाणों से बीच में ही काट डाला। फिर सुग्रीव ने एक साल वृक्ष से उस पर आक्रमण किया, किन्तु उसने उसे भी काट डाला। जब सुग्रीव ने मारने के लिये परिध उठाया तो महोदर ने गदा से आक्रमण करना आरम्भ कर दिया। युद्ध में जब परिध और गदा दोनों टूट गये तो वे दोनों एक दूसरे पर मुक्कों से वार करने लगे। दोनों में से कोई भी हार मानने को तैयार नहीं था। तभी सुग्रीव और महोदर ने वहाँ पड़ी तलवारों को उठा लिया। महोदर ने तलवार से सुग्रीव का कवच काटने के लिये आक्रमण किया तो तलवार कवच में अटक गई। जब वह तलवार को खींच रहा था तभी सुग्रीव ने उसके सिर को धड़ से अलग कर उसे यमलोक पहुँचा दिया।

महोदर को मर जाने पर महापार्श्व सुग्रीव पर तीक्ष्ण हथियारों की मार करता हुआ टूट पड़ा। सामने जाम्बवन्त और अंगद को देखकर उसने अपने बाणों से दोनों को घायल कर दिया। इससे अंगद के नेत्र क्रोध से लाल हो गये। उसने एक परिध को उसकी ओर इतने वेग से फेंका कि उसके हाथ से धनुष और सिरस्त्राण छूटकर दूर जा गिरे। इससे क्रोधित होकर महापार्श्व ने एक तीक्ष्ण परशु अंगद पर फेंका किन्तु अंगद ने उसका वार बचाकर पूरी शक्ति से राक्षस के सीने पर घूँसा मारा। वज्र के समान घूँसा पड़ते ही उसका हृदय फट गया और वह वहीं मरकर धराशायी हो गया।

इधर जब रावण ने अपने तीनों पराक्रमी वीरों की मृत्यु का समाचार सुना तो उसने अपने तामस नामक अस्त्र से वानरों को भस्म करना आरम्भ कर दिया। रावण को विशाल वानर सेना का संहार करते देख राम और लक्ष्मण अपने-अपने धनुष बाणों को लेकर युद्ध करने के लिये तैयार हुये। सबसे पहले लक्ष्मण ने अपने बाणों से रावण पर आक्रमण किया। रावण लक्ष्मण के बाणों को काटते हुये श्री राम के सामने जा पहुँचा और उन पर बाणों की वर्षा करने लगा। राम ने भी इसका उचित उत्तर दिया और दोनों ओर से भयंकर युद्ध होने लगा। दोनों ही दो भयानक यमराजों की भाँति एक दूसरे से भिड़ रहे थे और नाना प्रकार के अस्त्र-शस्त्रों से आक्रमण कर रहे थे। रावण ने सिंह, बाघ, कंक, चक्रवाक, गीध, बाज, मगर, विषधर जैसे मुख वाले बाणों की वर्षा की तो श्रीराम ने अग्नि, सूर्य, चन्द्र, धूमकेतु, उल्का तथा विद्युत प्रभा के समान बाणों से आक्रमण किया। दोनों ही वीर उन अस्त्रों का निवारण कर नया आक्रमण कर देते थे। कुपित रावण ने दस बाण एक साथ छोड़कर रघुनाथ जी को घायल कर दिया। उसकी चिन्ता न करते हुये उन्होंने भी रावण को बुरी तरह से घायल कर दिया।

• भयानक युद्ध - युद्धकाण्ड

इस भयंकर युद्ध में लक्ष्मण ने रावण की ध्वजा काटकर उसके सारथि का वध कर डाला और रावण के धनुष को काट डाला। साथ ही विभीषण ने भी अपनी गदा से रावण के रथ के

घोड़ों को मार डाला। विभीषण के इस कृत्य से रावण को इतना क्रोध आया कि उसने विभीषण पर एक प्रज्वलित शक्ति चलाई किन्तु विभीषण के पास आने के पहले ही लक्ष्मण ने उस शक्ति को अपने बाणों से नष्ट कर दिया। इस पर अत्यन्त क्रोधित होकर रावण ने विभीषण पर ऐसी अमोघ शक्ति चलाई जिसका वेग काल भी न सह सकता था। विभीषण के प्राण संकट में देख लक्ष्मण स्वयं आगे बढ़कर शक्ति के सामने खड़े हो गये। वज्र और अशनि के समान गड़गड़ाहट उत्पन्न करने वाली तथा विषधर सर्प के समान वह भयंकर महातेजस्वी शक्ति लक्ष्मण आकर लगी। उस नागराज वासुकी की जिह्वा के समान देदीप्यमान शक्ति ने लक्ष्मण के वक्ष को विदीर्ण कर दिया और वे रक्त से लथपथ होकर मूर्छित हो पृथ्वी पर गिर पड़े।

वानरों ने उस शक्ति को लक्ष्मण के शरीर में से निकालने का भरसक प्रयत्न किया, किन्तु सफल न हो सके। अन्त में श्री राम ने पूरी शक्ति लगा कर दोनों हाथों से खींचकर उसे बाहर निकाला और तोड़कर भूमि पर फेंक दिया। जब तक राम शक्ति को खींचकर निका;लते रहे रावण निरन्तर बाणों की वर्षा करके उन्हें घायल करता रहा। शक्ति निकाल कर उन्होंने शीघ्र ही रावण को मार डालने की प्रतिज्ञा की। फिर वे रावण के साथ भयानक युद्ध करने लगे। जब रावण उनके बाणों को न सह सका तो वह घायल होकर रणभूमि से भाग गया।

श्रीराम लक्ष्मण के पास बैठकर नाना प्रकार से विलाप करने लगे। उनके विलाप से दुःखी सारी वानर सेना रोने लगी। तभी सुषेण ने कहा, हे वीरशिरोमणि! आप दुःखी न हों। ये जीवित हैं, इनकी हृदयगति चल रही है।

फिर हनुमान से कहा, तुम शीघ्र ही महोदय पर्वत पर जाकर विशल्यकरणी, सावण्यकरणी, संजीवकरणी तथा संघानी नामक औषधियाँ ले आओ। उनसे लक्ष्मण के प्राणों की रक्षा हो सकेगी। सुषेण के निर्देशानुसार हनुमान तत्काल महोदय गिरि पर जा पहुँचे, परन्तु इन औषधियों की पहचान न होने के कारण उस शिखर को ही उखाड़ लाये जिस पर अनेक प्रकार की औषधियों के वृक्ष उग रहे थे। सुषेण ने इनमें से औषधियों को पहचानकर उनको कूट-पीस कर लक्ष्मण को सुँघाया। इससे वे थोड़ी ही देर में स्वस्थ होकर उठ खड़े हुये।

- लक्ष्मण मूर्छित - युद्धकाण्ड

उधर रावण रथारूढ़ हो फिर युद्ध करने के लिये लौट आया। राम पृथ्वी पर खड़े होकर रथ में सवार रावण से युद्ध करने लगे तो देवराज इन्द्र ने उनके पास अपना रथ भिजवाकर प्रार्थना की कि वे उस पर सवार होकर युद्ध करें। दोनों ही पराक्रमी वीर रथों पर सवार होकर भीषण युद्ध करने लगे। उनके अद्भुत रण-कौशल को देखकर दिग्गज वीरों भी रोमांचित होने लगे। इधर रावण ने नागास्त्र छोड़ा तो उधर श्रीराम ने गरुड़ास्त्र। रावण ने इन्द्र के रथ की ध्वजा काट डाली और घोड़ों को घायल कर दिया। रावण के बाणों से बार-बार आहत होने के कारण श्रीराम अपने बाणों को प्रत्यंचा पर नहीं चढ़ा पा रहे थे। जब रावण ने उन पर शूल

नामक महाभयंकर शक्ति छोड़ी तो राम ने क्रोधपूर्वक इन्द्र द्वारा दी हुई शक्ति छोड़कर उस शूल को नष्ट कर दिया। फिर उन्होंने लगातार बाण वर्षा करके रावण को बुरी तरह घायल कर दिया। रावण की यह दशा देखकर उसका सारथी उसे रणभूमि से बाहर ले गया। अपने सारथी के इस कार्य से रावण को बहुत क्रोध आया और उस फटकार कर उसने रथ को पुनः रणभूमि में ले चलने आज्ञा दी।

श्रीराम के सम्मुख पहुँचकर वह फिर उन पर बाणों की वर्षा करने लगा। दोनों महावीर महारथियों के बीच फिर ऐसा भयंकर युद्ध आरम्भ हुआ कि वानरों और राक्षसों की विशाल सेनाएँ और पराक्रमी वीर अपने हाथों में हथियार होते हुये भी निश्चेष्ट होकर उनका रणकौशल देखने लगे। राक्षसों की दृष्टि रावण के पराक्रम पर अटकी हुई थी तो वानरों की श्रीराम के शौर्य पर। श्रीराम को अपनी विजय पर पूर्ण विश्वास था और परिस्थितियों को देखते हुये रावण समझ गया था कि उसकी मृत्यु निश्चित है। यह सोचकर दोनों रणकेसरी अपनी पूरी शक्ति से युद्ध करने लगे। पहले रामचन्द्र जी ने रावण के रथ की ध्वजा को एक ही बाण से काट गिराया। इससे क्रोधित होकर रावण चारों ओर गदा, चक्र, परिध, मूसल, शूल तथा माया निर्मित शस्त्रों की वर्षा करने लगा। दोनों ओर से भयानक घात-प्रतिघात होने लगे। युद्ध विषयक प्रवृति और निवृति में दोनों ही रणपण्डित अपना-अपना अद्भुत कौशल दिखाने लगे। सनसनाते बाणों के घटाटोप से सूर्य की प्रभा लुप्त हो गई और वायु की गति भी मन्द पड़ गई। देव, गन्धर्व, किन्नर, यक्ष, सिद्ध, महर्षि सभी चिन्ता में पड़ गये। तभी अवसर पाकर महाबाहु राम ने एक विषधर समान बाण छोड़कर रावण का मस्तक काट डाला, परन्तु उसके स्थान पर रावण का वैसा ही दूसरा नया सिर उत्पन्न हो गया। जब श्रीराम ने उसे भी काट डाला तो वहाँ तीसरा शीश प्रकट हो गया। इस प्रकार बार-बार शीश कटने पर भी उसका अन्त नहीं हो रहा था।

यह दशा देखकर इन्द्र के सारथी मातलि ने कहा, प्रभो! आप इसे मारने के ब्रह्मास्त्र का प्रयोग कीजिये। अब उसके विनाश का समय आ पहुँचा है। मातलि की बात सुनकर रघुनाथ जी को ब्रह्मा के उस बाण का स्मरण हो आया जो उन्हें अगस्त्य मुनि ने दिया था। उन्होंने रावण की छाती को लक्ष्य करके वह बाण पूरे वेग के साथ छोड़ दिया जिसने रावण के हृदय को विदीर्ण कर दिया। इससे रावण के प्राण पखेरू उड़ गये। रावण को मारकर वह बाण पृथ्वी में समा गया और पुनः स्वच्छ होकर श्रीराम के तरकस में लौट आया। रावण के विनाश और श्रीराम की विजय से समस्त लोकों में हर्ष की लहर दौड़ गई। चारों ओर श्रीराम की जयजयकार होने लगी। वानर सेना में आनन्द का पारावार न रहा। प्रत्ये सैनिक विजय गर्व से फूला न समाता था।

पराजित और मरे हुये भाई को देखकर विभीषण अपने आँसुओं को न रोक सका और वह फूट-फूट कर विलाप करने लगा और कहने लगा, हे भाई! अहंकार के वशीभूत होकर तुमने मेरी, प्रहस्त, कुम्भकर्ण, इन्द्रजित, नरान्तक आदि किसी की भी बात न मानी। उसी का फल यह सामने आया। तुम्हारे मरने से नीति पर चलने वाले लोगों की मर्यादा टूट गई, धर्म का

मूर्तिमान विग्रह चला गया, सूर्य पृथ्वी पर गिर पड़ा, चन्द्रमा अन्धेरे में डूब गया और जलती अग्नि शिखा बुझ गई।

विभीषण को इस प्रकार विलाप करते देख श्रीराम ने उसे समझाया, हे विभीषण! तुम्हें इस प्रकार शोक नहीं करना चाहिये। रावण असमर्थ होकर नहीं मरा है। उसने प्रचण्ड पराक्रम का प्रदर्शन किया है। इस प्रकार क्षत्रिय धर्म का पालन करते हुये मरने वालों के लिये शोक नहीं करना चाहिये। युद्ध में सदा विजय ही विजय मिले, ऐसा पहले भी कभी नहीं हुआ है। यह सोचकर उठो और संयत मन से प्रेत कर्म करो। मैं इसमें तुम्हें पूरा सहयोग दूँगा। बैर जीवनकाल तक ही रहता है। मरने के बाद उस बैर का अन्त हो जाता है। इसलिये यह जैसा तुम्हारा स्नेहपात्र है, उसी तरह मेरा भी है।

- रावण वध - युद्धकाण्ड

रावण की मृत्यु का समाचार सुनकर मन्दोदरी सहित उसकी सभी रानियाँ शोकाकुल होकर अन्तःपुर से निकल पड़ीं। वे चीख-चीख कर विलाप करने लगीं। हा आर्यपुत्र! हा नाथ! पुकारते हुये वे कटी हुई लताओं की भाँति रावण के मृत शरीर पर गिर कर हाहाकार करने लगीं, हाय! असुर, देवता और नाग जिसके भय से काँपा करते थे, आज उन्हीं की एक मनुष्य ने यह दशा कर दी। आपके प्रिय भाई विभीषण ने आपके हित की बात कही थी, उसे ही आपने निकाल बाहर किया। राक्षसशिरोमणे! ऐसी बात नहीं है कि आपके स्वेच्छाचार से हमारा विनाश हुआ है, दैव ही सब कुछ कराता है।

मन्दोदरी बिलख-बिलख कर कह रही थी, नाथ! पहले आपने इन्द्रियों को जीतकर ही तीनों लोकों पर विजय पाई थी, उस बैर का प्रतिशोध लेकर इन्द्रियों ने ही अब आपको परास्त किया है। खर के मरने पर ही मुझे विश्वास हो गया था कि राम कोई साधाराण मनुष्य नहीं है। मैं ने बारम्बार आपसे कहा था, रघुनाथ जी से बैर-विरोध न लें, किन्तु आप नहीं माने। उसी का आज यह फल मिला है। आपने महान तेजस्वी सीता का अपहरण किया। वे संसार की महानतम पतिव्रता नारी हैं। उनका अपहरण करते समय ही आप जलकर भस्म नहीं हो गये, यही महान आश्चर्य है। आज वही सीता आपकी मृत्यु का कारण बन गई। हाय स्वामी! आपकी मृत्यु कैसे हो गई? आप तो मृत्यु की भी मृत्यु थे। फिर स्वयं ही मृत्य के आधीन कैसे हो गये? महाराज! पतिव्रता के आँसू इस पृथ्वी पर व्यर्थ नहीं गिरते, यह कहावत आपके साथ ठीक-ठीक घटी है। आपने युद्ध में कभी कायरता नहीं दिखाई, परन्तु सीता का हरण करते समय आपने कायरता का ही परिचय दिया था। मैं शोक से पीड़ित हो रही हूँ औ आप मुझे सान्त्वना भी नहीं दे रहे। आज आपका वह प्रेम कहाँ गया?

इन शोकविह्वल रानियों को देखकर श्रीराम ने विभीषण से कहा, हे विभीषण! इन्हें धैर्य बँधाओं और अपने भाई का अन्तिम संस्कार करो।

श्रीराम की आज्ञा पाकर विभीषण ने माल्यवान के साथ मिलकर दाह संस्कार की तैयारी की। शव को भली-भाँति सजाकर शवयात्रा निकाली गईं जिसमें नगर के समस्त लंकानिवासियों और अन्तःपुर की सभी रानियों ने भाग लिया। वेदोक्त विधि से उसका अन्तिम संस्कार किया गया।

- ## मन्दोदरी का विलाप - युद्धकाण्ड

युद्ध की समाप्ति पर श्री राम ने मातलि को सम्मानित करते हुए इन्द्र के दिये हुये रथ को लौटा दिया। तत्पश्चात उन्होंने समस्त वानर सेनानायकों की भूरि-भूरि प्रशंसा करते हुये उनका यथोचित सम्मान किया। फिर वे लक्ष्मण से बोले, सौम्य! अब तुम लंका में जाकर विभीषण का राज्याभिषेक करो, क्योंके इन्होंने मुझ पर बहुत बड़ा उपकार किया है।

रघुनाथ जी की आज्ञा पाकर लक्ष्मण ने प्रसन्नतापूर्वक सोने का घड़ा उठाया और एक वानर यूथपति को समुद्र का जल भर लाने का आदेश दिया। उन्होंने लंकापुरी में जल से भरे उस घट को उत्तम स्थान पर स्थापित किया। फिर उस जल से विभीषण का वेदोक्त रीति से अभिषेक किया। राजसिंहासन पर विराजमान विभीषण उस समय अत्यन्त तेजस्वी प्रतीत हो रहे थे। लक्ष्मण के पश्चात् अन्य सभी उपस्थित राक्षसों और वानरों ने भी उनका अभिषेक किया। विभीषण को लंका के सिंहासन पर अभिषिक्त देख उसके मन्त्री और प्रेमी अत्यन्त प्रसन्न हुये। वे श्रीराम की स्तुति करने लगे। उन्होंने अपने निष्ठा का आश्वासन देते हुये दहीं, अक्षत, मिष्ठान्न, पुष्प आदि अपने नये नरेश को अर्पित किये और महाराज विभीषण की जय, श्रीरामचन्द्र जी की जय का उद्घोष किया। विभीषण ने सभी प्रकार की मांगलिक वस्तुएँ लक्ष्मण को भेंट की और रघुनाथ जी के प्रति भक्ति प्रकट की।

जब लक्ष्मण विभीषण का राज्याभिषेक कर लौट आये तो श्री रामचन्द्र जी ने हनुमान से कहा, महावीर! तुम महाराज विभीषण की आज्ञा लेकर लंकापुरी में जाओ और वैदेही को यह समाचार दो कि रावण युद्ध में मारा गया है और वे लौटने की तैयारी करें।

रघुनाथ जी की आज्ञा पाकर हनुमान विभीषण की अनुमति ले अशोकवाटिका में पहुँचे और वैदेही को श्रद्धापूर्वक प्रणाम करके बोले, माता! श्री रामचन्द्र जी लक्ष्मण और सुग्रीव के साथ कुशल हैं। अपने शत्रु का वध करके वे अपने मनोरथ में सफल हुए। रावण अपनी सेना सहित युद्ध में मारा गया। विभीषण का राज्याभिषेक कर दिया गया है। इस प्रकार अब आप निर्भय हों। आपको यहाँ भारी कष्ट हुआ। इन निशाचरियों ने भी आपको कुछ कम कष्ट नहीं दिया है। यदि आप आज्ञा दें तो मैं मुक्कों, लातों से इन सबको यमलोक पहुँचा दूँ।

हनुमान की यह बात सुनकर सब निशाचरियाँ भय से थर-थर काँपने लगीं। परन्तु करुणामयी सीता बोलीं, नहीं वीर! इसमें इनका कोई दोष नहीं है। ये तो रावण की आज्ञा का ही पालन करती थीं। इसके अतिरिक्त पूर्वजनित कर्मों का फल तो मुझे भोगना ही था। यदि फिर भी इन दासियों का कुछ अपराध हो तो उसे मैं क्षमा करती हूँ। अब तुम ऐसी व्यवस्था

करो कि मैं शीघ्र प्राणनाथ के दर्शन कर सकूँ। पवनपुत्र ने लौटकर जब दशरथनन्दन को सीता का संदेश दिया तो उन्होंने विभीषण से कहा, भाई विभीषण! तुम शीघ्र जाकर सीता को अंगराग तथा दिव्य आभूषणों से विभूषित करके मेरे पास ले आओ।

आज्ञा पाकर विभीषण ने स्वयं वैदेही का पास जाकर उनके दर्शन किया और उन्हें श्री राम द्वारा दी गई आज्ञा कह सुनाई। पति का संदेश पाकर सीता श्रृंगार कर पालकी पर बैठ विभीषण के साथ उस स्थान पर पहुँचीं जहाँ उनके पति का शिविर था। फिर पालकी से उतरकर पैदल ही सकुचाती हुई अपने पति के सम्मुख जाकर उपस्थित हो गईं। आगे वे थीं और उनके पीछे विभीषण। उन्होंने बड़े विस्मय, हर्ष और स्नेह से पति के मुख का दर्शन किया। उस समय उनका मुख आनन्द से प्रातःकालीन कमल की भाँति खिल उठा।

• विभीषण का राज्याभिषेक - युद्धकाण्ड

अपने समक्ष सीता को विनयपूर्वक नतमस्तक खड़ा देख रामचन्द्र जी बोले, भद्रे! रावण से तुम्हें मुक्त कर के मैंने स्वयं के ऊपर लगे कलंक को धो डाला है। शत्रुजनित अपमान और शत्रु दोनों को ही एक साथ मैंने नष्ट कर डाला है। इस समय अपनी प्रतिज्ञा को पूरी करके मैं उसके भार से मुक्त हो गया हूँ। युद्ध का यन परिश्रम मैंने तुम्हें पाने के लिये नहीं किया है बल्कि वह केवल सदाचार की रक्षा और फैले हुये अपवाद का निराकरण करने के लिये किया गया है। तुम्हारे चरित्र में सन्देह का अवसर उपस्थित है, इसलिये आज तुम मुझे अत्यन्त अप्रिय जान पड़ रही हो। अतः हे जनककुमारी! मैं तुम्हें अनुमति प्रदान करता हूँ कि तुम्हारी जहाँ इच्छा हो, चली जाओ। रावण तुम्हें अपनी गोद में उठाकर ले गया और तुम पर अपनी दूषित दृष्टि डाल चुका है। ऐसी दशा में मैं फिर तुम्हें कैसे ग्रहण कर सकता हूँ? मेरा यह निश्चित विचार है।

अपने पति के ये वचन सुनकर सीता के नेत्रों से अश्रुधारा बह चली। वह बोली, वीर! आप ऐसी अनुचित कर्णकटु बातें सुना रहे हैं जो निम्नश्रेणी का पुरुष भी अपनी निम्नकोटि की स्त्री से कहते समय संकोच करता है। आज आप मुझ पर ही नहीं, समुचित स्त्री जाति के चरित्र पर सन्देह कर रहे हैं। रावण के शरीर से जो मेरे शरीर का स्पर्श हुआ है, उसमें मेरी विवशता ही कारण थी, मेरी इच्छा नहीं। जब आपने मेरी खोज लेने के लिये लंका में हनुमान को भेजा था, उसी समय आपने मुझे क्यों नहीं त्याग दिया?

इतना कहते-कहते सीता का कण्ठ अवरुद्ध हो गया। फिर वे लक्ष्मण से बोलीं, सुमित्रानन्दन! मेरे लिये चिता तैयार कर दो। मैं मिथ्या कलंक से कलंकित होकर जीवित नहीं रहना चाहती। मेरे स्वामी ने भरी सभा में मेरा परित्याग किया है, इसलिये अग्नि प्रवेश ही मेरे लिये उचित मार्ग है।

लक्ष्मण ने दुःखी होकर श्रीराम की ओर देखा और उनका स्पष्ट संकेत पाकर उन्होंने चिता तैयार की। श्रीराम की प्रलयकारी मुख-मुद्रा देखकर कोई भी उन्हें समझाने का साहस

न कर सका। सीता ने चिता की परिक्रमा करके और राम, देवताओं तथा ब्राह्मणों को प्रणाम करके यह कहते हुये चिता में प्रवेश किया, यदि मेरा हृदय कभी एक क्षण के लिये भी श्री रघुनाथ जी से दूर न हुआ हो तो सम्पूर्ण संसार के साक्षी अग्निदेव मेरी रक्षा करें।

वैदेही को अग्नि में प्रवेश करते देख सभी उपस्थित वानर और राक्षस हाहाकार करने लगे। तभी ब्रह्मा, शिव, इन्द्र, वरुण सहित अने देवताओं ने श्रीराम के पास आकर कहा, श्रीराम! आप ज्ञानियों में श्रेष्ठ हैं, फिर इस समय आग मे गिरी हुई सीता के उपेक्षा कैसे कर रहे हैं? आज आप यह साधारण अज्ञानी मनुष्यों जैसा आचरण क्यों कर रहे हैं?

इसी समय मूर्तिमान अग्निदेव वैदेही सीता को चिता में से लेकर उठ खड़े हुये। उस समय सीता जी प्रातःकालीन सूर्य की भाँति कान्तियुक्त प्रतीत हो रही थीं। अग्नि ने रघुनाथ जी को सीता को सौंपते हुये कहा, श्रीराम! आपकी पत्नी सीता परम पतिव्रता है। इसमें कोई पाप या दोष नहीं है, इसे स्वीकार करें।

अग्निदेव के वचन सुनकर श्रीराम ने प्रसन्नतापूर्वक सीता को स्वीकार करते हुये कहा, मैं जानता हूँ, सीता बिल्कुल पवित्र है। लोगों को इनकी पवित्रता का विश्वास दिलाने के लिये मुझे यह परीक्षा लेनी पड़ी। आप सब लोग मेरे हितैषी हैं। इसीलिये कष्ट उठाकर इस समय यहाँ पधारे हैं।

राम के वचन सुनकर महादेव जी बोले, श्रीराम! दुष्ट-दलन का कार्य सम्पन्न हुआ। अब आपको शीघ्र अयोध्या लौटकर माताओं, भरत, पुरवासियों आदि की व्याकुल प्रतीक्षा की घड़ियों को समाप्त करना चाहिये। देखो, सामने आपके पिता दशरथ जी विमान में विराजमान हैं। महादेव जी की यह बात सुन कर लक्ष्मण सहित रामचन्द्र जी ने विमान में अपने पिता को बैठा देखकर उन्हें सादर प्रणाम किया। महाराज दशरथ ने उन्हे आशीर्वाद देकर स्वर्ग को प्रस्थान किया।

दशरथ के विदा होने पर देवराज इन्द्र ने कहा, हे रघुनाथ! तुमने राक्षसों का संहार करके आज देवताओं को निर्भय कर दिया। इसलिये मैं तुमसे बहुत प्रसन्न हूँ। तुम जो चाहो, वरदान मुझसे माँग लो।इन्द्र को प्रसन्न देख श्रीराम बोले, हे देवराज! यदि आप मुझ पर प्रसन्न हैं तो मेरी प्रार्थना है कि मेरे लिये पराक्रम करते हुये वानरादि जो वीर यमलोक को चले गये हैं, उन्हें नवजीवन प्रदान कर पुनः जीवित कर दें और वे पूर्णतया स्वस्थ होकर मुझसे मिलें।

इन्द्र ने प्रसन्नतापूर्वक श्रीराम की इच्छा पूरी कर दी।

- सीता की अग्नि परीक्षा - युद्धकाण्ड

एक रात्रि विश्राम करने के पश्चात् श्री रामचन्द्र जी ने विभीषण को बुलाकर कहा, हे लंकेश! मेरा वनवास का समय पूरा होने को है। अब मेरा मन भरत से मिलने के लिये उद्विग्न हो रहा है। वे मुझे स्मरण करके दुःखी हो रहे होंगे। इस लिये तुम ऐसा प्रबन्ध करो कि हम शीघ्रातिशीघ्र अयोध्या पहुँच जायें।

यह सुनकर विभीषण ने कहा, हे प्रभो! आप चिन्ता न करें। मैं एक ही दिन में आपको अयोध्यापुरी पहुँचा दूँगा। वैसे मेरी इच्छा यह थी कि आप कुछ दिन यहाँ रुक कर मेरा आतिथ्य स्वीकार करते।

जब श्रीरामचन्द्रजी ने वहाँ ठहरने में अपनी असमर्थता दिखाई तो विभीषण ने तत्काल पुष्पक विमान मँगाया, जो स्वर्ण से बना हुआ और नाना प्रकार के रत्नों से सुसज्जित था। रामचन्द्रजी सब वानरों का उनके द्वारा की गई सहायता के लिये आभार प्रकट करके सीता और लक्ष्मण के साथ विमान पर सवार हुये। सुग्रीव सहित सब वानरों और विभीषण ने भी उनके साथ अयोध्या चलने का आग्रह किया तो उन्होंने कृपा करके सबको उसी विमान पर अपने साथ ले लिया। विमान आकाश में उड़ने लगा। रामचन्द्र सीता को लंका, सागर, सुवर्णमय पर्वत हिरण्यनाभ, सेतुबंध, किष्किन्धा नगरी को दिखाकर उनका महत्व बताने लगे। बीच-बीच में सीता-हरण के पश्चात् की घटनाओं का भी विशद वर्णन करते जाते थे। जब विमान किष्किन्धा नगरी पहुँचा तो वैदेही ने सुग्रीव की भार्या तारा आदि को भी अपने साथ अयोध्या ले चलने का आग्रह किया।

रघुनाथजी ने विमान को वहाँ रुकवाकर सुग्रीव तथा अन्य यूथपतियों से कहा कि वे शीघ्र अपने-अपने परिजनों को, जो अयोध्या चलने के लिये उत्सुक हों, जाकर ले आयें। श्रीराम की आज्ञा पाते ही वे सब अपने परिजनों को बुला लाये। फिर विमान अपने गन्तव्य की ओर चल पड़ा। विमान चलते ही रामचन्द्र ने सीता को ऋष्यमूक पर्वत दिखाया जहाँ उन्होंने सुग्रीव से भेंट की थी। फिर उन्होंने शबरी की कथा सुनाते हुये पम्पा दिखाया। जटायु के मरने का स्थान, महात्मा सुतीक्ष्ण तथा शरभ के आश्रम, श्रृंगवेपुर आदि दिखाते हुये भरद्वाज मुनि के आश्रम पर पहुँचे। वहाँ उन्होंने विमान उतारा।

भरद्वाज मुनि के आश्रम में पहुँचकर उन्होंने मुनि को सादर प्रणाम किया और कुशलक्षेम के पश्चात् अयोध्यापुरी, भरत तथा माताओं के विषय में सूचनाएँ प्राप्त कीं। फिर उन्होंने हनुमान से कहा, वानरराज! मैं चाहता हूँ कि मेरे अयोध्या पहुँचने से पहले तुम अयोध्या जाकर पता लगाओ कि राजभवन में सब कुशल से तो हैं। तुम श्रृंगवेरपुर पहुँचकर वनवासी निषादराज से भी भेंट करो। उनसे तुम्हें अयोध्या का मार्ग भी ज्ञात हो जायेगा। भरत से मिलकर उन्हें हमारा कुशल समाचार देना और यहाँ हुई समस्त घटनाओं से उन्हें अवगत कराना। उन्हें यह भी बता देना कि हम लोग सफलमनोरथ होकर राक्षसराज विभीषण, वानरराज सुग्रीव तथा अन्य मित्रों के साथ प्रयागराज तक आ पहुँचे हैं। साथ ही भरत की मुखमुद्रा का भी सूक्ष्म अध्ययन करना। यदि उन्हें हमारा आगमन अरुचिकर प्रतीत हो तो मुझे सूचित करना। ऐसी दशा में हम अयोध्या से दूर रहकर तपस्वी जीवन व्यतीत करेंगे। तुम शीघ्र जाकर उन्हें सब बातों की सूचना दो।

प्रभु की आज्ञा पाकर हनुमान मनुष्य का रूप धारणकर तीव्रगति से अयोध्या की ओर चल पड़े। पहले वे गंगा और यमुना के संगम को परकर श्रृंगवेरपुर पहुँचे और वहीं निषादराज गुह से मिले। उन्हें श्रीराम का कुशल समाचार देकर वे परशुराम तीर्थ, वालुकिनी नदी, वरूथी,

गोमती आदि नदियों को पार करते हुये नन्दिग्राम जा पहुँचे। अयोध्या से एक कोस की दूरी पर उन्होंने चीर वस्त्र और काला मृगचर्म धारण किये हुये दुर्बल भरत को देखा। वे तपस्यारत ब्रह्मर्षि के सदृश दिखाई दे रहे थे। भरत जी के पास पहुँचकर पवनपुत्र हनुमान ने दोनों हाथ जोड़कर उनसे निवेदन किया, देव! श्रीरघुनाथजी ने आपको अपना कुशल समाचार कहलाया है और आपका कुशल समाचार पूछा है। आप इस अत्यन्त दारुण शोक का परित्याग करें। आप शीघ्र ही श्रीराम से मिलेंगे।

यह शुभ समाचार सुनकर भरत का हृदय हर्ष से भर उठा। उन्होंने बड़े उत्साह से पवनपुत्र को प्रमपूर्वक अपने हृदय से लगा लिया और बोले, भैया! तुमने जो मुझे यह प्रिय संवाद सुनाया है इसके बदले में मैं तुम्हें क्या दूँ। मुझे कोई ऐसी वस्तु दिखाई नहीं देती जो तुम्हारी इस शुभ सूचना का उचित उपहार हो सके। फिर भी मैं तुम्हें इसके लिये सौ उत्तम गाँव, एक लाख गौएँ और उत्तम आचार वाली स्वर्ण, रत्न तथा आभूषणों से सुसज्जित सोलह कुलीन कुमारी कन्याएँ पत्नीरूप में समर्पित करता हूँ।

फिर बोले, सौम्य! मुझे यह बताओ कि श्रीरघुनाथजी का और वानरों का मेल-मिलाप कैसे हुआ? भरत के इस प्रश्न के उत्तर में हनुमान ने श्रीराम के वनवास से लेकर दण्डकारण्य में प्रवेश करके विराध को मारने, शरभंग मुनि के स्वर्ग सिधारने, खर-दूषण तथा त्रिशरा को मारने, सीताहरण, गिद्धराज जटायु की मृत्यु, सीता की खोज करते हुये सुग्रीव से भेंट होने का विवरण सुनाकर उन्होंने सीता की खोज करने, सागर पर पुल बाँधने तथा सपरिवार रावण को मारकर वैदेही को मुक्त कराने तक का वृतान्त सुना डाला। यह भी बता दिया कि अब रामचन्द्रजी पुष्पक विमान से अयोध्या आ रहे हैं।

- अयोध्या को प्रस्थान - युद्धकाण्ड

हर्षविभोर भरत ने शत्रुघ्न को बुलाकर उन्हें यह शुभ समाचार सुनाया और रामचन्द्रजी के भव्य स्वागत की तैयारी करने का आदेश देते हुए कहा, सभी देवस्थानों में सुगंधित पुष्पों द्वारा पूजन हो। सभी वैतालिक, नृत्यांगनाएँ, रानियाँ, मन्त्रीगण, सेनाएँ और नगर के प्रमुख जन श्रीरामचन्द्रजी के दर्शन और स्वागत के लिये नगर के बाहर चलें। नगर के सभी मार्गों, बाजारों तथा अट्टालिकाओं को ध्वजा-पताकाओं आदि से सजाया जाये।

दूसरे दिन प्रातःकाल सभी श्रेष्ठ नगरनिवासी, मन्त्रीगण, अन्तःपुर की रानियाँ आदि असंख्य सैनिकों के साथ श्रीराम की अगवानी के लिये उत्साहपूर्वक नन्दिग्राम आ पहुँचे। कौसल्या, सुमित्रा, कैकेयी आदि महारानियाँ अन्तःपुरवासी रानियों का नेतृत्व कर रही थीं। सभी के हाथों में रंग-बिरंगी पुष्पमालाएँ थीं। चीर वस्त्र और कृष्ण मृगचर्म धारण किये भरत मन्त्रियों एवं पुरहितों से घिरे हुये सिर पर चरणपादुकाएँ धरे प्रतीक्षा कर रहे थे। तभी दूर से दिव्य पुष्पक विमान आता दिखाई दिया। समस्त उपस्थित पुरवासियों के मन में हर्ष की लहर दौड़ गई और वे रामचन्द्रजी का जयजयकार करने लगे। भरत ने आगे बढ़कर अर्घ्य-

पाद्य आदि से श्रीराम का पूजन किया और उनके चरणों में साष्टांग प्रणाम किया। रामचन्द्र जी ने आगे बढ़कर उन्हें अपने हृदय से लगा लिया। फिर भरत ने वैदेही के चरण स्पर्श करके लक्ष्मण को अपने हृदय से लगा लिया। इसके पश्चात् वे विभीषण, सुग्रीव तथा अन्य वानर वीरों से बड़े प्रेम से मिले। फिर शत्रुघ्न भी सबसे उसी प्रकार मिले जिस प्रकार भरत मिले थे। श्रीराम ने तीनों माताओं का पास जाकर बारी-बारी से सबके चरणस्पर्श किये। उनका आशीर्वाद ग्रहण करके उन्होंने गुरु वसिष्ठ के पास जाकर उन्हें प्रणाम किया। उधर सब नागरिक उच्च स्वर में उनका अभिनन्दन, स्वागत और जयजयकार कर रहे थे।

फिर भरत ने चरणपादुकाएँ रामचन्द्र को पहनाते हुये कहा, प्रभो! मेरे पास धरोहर के रूप में रखा हुआ आपका यह सारा राज्य मैंने आज आपके चरणों में लौटा दिया है। आज मेरा जन्म सफल हो गया। आपके प्रताप से राज्य का कोष, सेना आदि सब पहले से दस गुना हो गया है।

भरत की बात सुनकर विभीषण तथा समस्त वानरों के नेत्रों से अश्रुधारा बह चली। विमान को कुबेर के पास लौट जाने का आदेश देकर रामचन्द्रजी गुरुवर वसिष्ठ जी के पा आकर बैठ गये।

भरत ने विनयपूर्वक श्रीराम से कहा, रघुनन्दन! अब सबकी यह इच्छा है कि सब लोग आपका शीघ्र से शीघ्र राज्याभिषेक देखें। जब तक नक्षत्रमण्डल घूमता रहे और जब तक यह पृथ्वी स्थित है, तब तक आप इस संसार के स्वामी बने रहें। अब आप इस वनवासी के वेश का परित्याग कर राजसी वेश धारण करें। भरत के प्रेमभरे शब्द सुनकर रघुनाथजी ने तथास्तु कहा और तत्काल राज्याभिषेक की तैयारियाँ होने लगीं। सीता, लक्ष्मण, भरत, शत्रुघ्न, समस्त रानियाँ, विभीषण, सुग्रीव तथा अन्य वानरों ने भी सुन्दर वस्त्राभूषण धारण किये। राजसी वेश धारणकर रामचन्द्रजी नगर की ओर चले। भरत सारथी बनकर उनका रथ चलारहे थे, शत्रुघ्न ने छत्र लगा रखा था, लक्ष्मण रामचन्द्रजी के मस्तक पर चँवर डुला रहे थे। एक ओर लक्ष्मण और दूसरी ओर विभीषण खड़े थे। उन्होंने श्वेत चँवर हाथ में ले रखे थे। वानरराज सुग्रीव शत्रुंजय नामक गज पर सवार थे। समस्त नगरवासियों ने जयजयकार किया और श्रेष्ठियों ने आगे बढ़कर उन्हें बधाई दी। फिर पुरवासी उनके पीछे-पीछे चलने लगे।

श्रीराम के अभिषेक के लिये चारों समुद्रों और समस्त पवित्र सरिताओं का जल मँगवाया गया। वसिष्ठ जी ने सीता सहित श्रीराम को रत्नजटित चौकी पर बिठाया। फिर वसिष्ठ, वामदेव, जावालि, काश्यप, कात्यायन, सुयज्ञ गौतम और विजय ने उनका अभिषेक किया। फिर अन्य मन्त्रियों, सेनापतियों, श्रेष्ठियों आदि ने उनका अभिषेक किया। उस समय श्रीराम ने ब्राह्मण को गौएँ, स्वर्ण मुद्राएँ, बहुमूल्य आभूषण तथा वस्त्रादि बाँटे। फिर उन्होंने विभीषण, सुग्रीव, अंगद तथा अन्य वानरों को भी उपहार दिये। सीता जी ने अपने गले का हार उतारकर स्नेहपूर्वक पवनपुत्र को दिया। फिर सभी वानरादि विदा होकर अपने-अपने स्थानों को चले गये।

राज्य करते हुये राजा रामचन्द्र ने सौ अश्वमेघ यज्ञ तथा पौण्डरी एवं वाजपेय यज्ञ किये। रामराज्य में चोरी, दुराचरण, वैधव्य, बाल-मृत्यु आदि की घटनाएँ कभी नहीं हुईं। सारी प्रजा धर्म में रत रहती थी। इस प्रकार राम ने ग्यारह हजार वर्ष तक राज्य किया।

• ॥वाल्मीकि रामायण लंकाण्ड समाप्त॥

2

रामायण सुन्दरकाण्ड

- हनुमान का सागर पार करना - सुन्दरकाण्ड

बड़े बड़े गजराजों से भरे हुए महेन्द्र पर्वत के समतल प्रदेश में खड़े हुए हनुमान जी वहाँ जलाशय में स्थित हुए विशालकाय हाथी के समान जान पड़ते थे। सूर्य, इन्द्र, पवन, ब्रह्मा आदि देवों को प्रणाम कर हनुमान जी ने समुद्र लंघन का दृढ़ निश्चय कर लिया और अपने शरीर को असीमित रूप से बढ़ा लिया। उस समय वे अग्नि के समान जान पड़ते थे।

उन्होंने अपने साथी वानरों से कहा, हे मित्रों! जैसे श्री रामचन्द्र जी का छोड़ा हुआ बाण वायुवेग से चलता है वैसे ही तीव्र गति से मैं लंका में जाउँगा और वहाँ पहुँच कर सीता जी की खोज करूँगा। यदि वहाँ भी उनका पता न चला तो रावण को बाँध कर रामचन्द्र जी के चरणों में लाकर पटक दूँगा। आप विश्वास रखें कि मैं सर्वथा कृतकृत्य होकर ही सीता के साथ लौटूँगा अन्यथा रावण सहित लंकापुर को ही उखाड़ कर लाउँगा।

इतना कह कर हनुमान आकाश में उछले और अत्यन्त तीव्र गति से लंका की ओर चले। उनके उड़ते ही उनके झटके से साल आदि अनेक वृक्ष पृथ्वी से उखड़ गये और वे भी उनके साथ उड़ने लगे। फिर थोड़ी दूर तक उड़ने के पश्चात् वे वृक्ष एक-एक कर के समुद्र में गिरने लगे। वृक्षों से पृथक हो कर सागर में गिरने वाले नाना प्रकार के पुष्प ऐसे प्रतीत हो रहे थे मानो शरद ऋतु के नक्षत्र जल की लहरों के साथ अठखेलियाँ कर रहे हों। तीव्र गति से उड़ते हुए महाकपि पवनसुत ऐसे प्रतीत हो रहे थे जैसे कि वे महासागर एवं अनन्त आकाश का आचमन करते हुये उड़े जा रहे हैं।

तेज से जाज्वल्यमान उनके नेत्र हिमालय पर्वत पर लगे हुये दो दावानलों का भ्रम उत्पन्न करते थे। कुछ दर्शकों को ऐसा लग रहा था कि आकाश में तेजस्वी सूर्य और चन्द्र दोनों एक साथ जलनिधि को प्रकाशित कर रहे हों। उनका लाल कटि प्रदेश पर्वत के वक्षस्थल पर किसी गेरू के खान का भ्रम पैदा कर रहा था। हनुमान के बगल से जो तेज आँधी भारी स्वर करती हुई निकली थी वह घनघोर वर्षाकाल की मेघों की गर्जना सी प्रतीत होती थी।

आकाश में उड़ते हुये उनके विशाल शरीर का प्रतिबम्ब समुद्र पर पड़ता था तो वह उसकी लहरों के साथ मिल कर ऐसा भ्रम उत्पन्न करता था जैसे सागर के वक्ष पर कोई नौका तैरती चली जा रही हो। इस प्रकार हनुमान निरन्तर आकाश मार्ग से लंका की ओर बढ़े जा रहे थे।

हनुमान के अद्भुत बल और पराक्रम की परीक्षा करने के लिये देवता, गन्धर्व, सिद्ध और महर्षियों ने नागमाता सुरसा के पास जा कर कहा, हे नागमाता! तुम जा कर वायुपुत्र हनुमान की यात्रा में विघ्न डाल कर उनकी परीक्षा लो कि वे लंका में जा कर रामचन्द्र का कार्य सफलता पूर्वक कर पायेंगे या नहीं। ऋषियों के मर्म को समझ कर सुरसा विशालकाय राक्षसनी का रूप धारण कर के समुद्र के मध्य में जा कर खड़ी हो गई और उसने अपने रूप को अत्यन्त विकृत बना लिया। हनुमान को अपने सम्मुख पा कर वह बोली, आज मैं तुम्हें अपना आहार बना कर अपनी क्षुधा को शान्त करूँगी।

मैं चाहती हूँ, तुम स्वयं मेरे मुख में प्रवेश करो ताकि मुझे तुम्हें खाने के लिये प्रयत्न न करना पड़े। सुरसा के शब्दों को सुन कर हनुमान बोले, तुम्हारी इच्छा पूरी करने में मुझे कोई आपत्ति नहीं है, किन्तु इस समय मैं अयोध्या के राजकुमार रामचन्द्र जी के कार्य से जा रहा हूँ। उनकी पत्नी को रावण चुरा कर लंका ले गया है। मैं उनकी खोज करने के लिये जा रहा हूँ तुम भी राम के राज्य में रहती हो, इसलिये इस कार्य में मेरी सहायता करना तुम्हारा कर्तव्य है। लंका से मैं जब अपना कार्य सिद्ध कर के लौटूँगा, तब अवश्य तुम्हारे मुख में प्रवेश करूँगा। यह मैं तुम्हें वचन देता हूँ।

हनुमान की प्रतिज्ञा पर ध्यान न देते हुये सुरसा बोली, जब तक तुम मेरे मुख में प्रवेश न करोगे, मैं तुम्हारे मार्ग से नहीं हटूँगी। यह सुन कर हनुमान बोले, अच्छा तुम अपने मुख को अधिक से अधिक खोल कर मुझे निगल लो। मैं तुम्हारे मुख में प्रवेश करने को तैयार हूँ। यह कह कर महाबली हनुमान ने योगशक्ति से अपने शरीर का आकार बढ़ा कर चालीस कोस का कर लिया। सुरसा भी अपूर्व शक्तियों से सम्पन्न थी। उसने तत्काल अपना मुख अस्सी कोस तक फैला लिया हनुमान ने अपना शरीर एक अँगूठे के समान छोटा कर लिया और तत्काल उसके मुख में घुस कर बाहर निकल आये। फिर बोले, अच्छा सुरसा, तुम्हारी इच्छा पूरी हुई अब मैं जाता हूँ। प्रणाम! इतना कह कर हनुमान आकाश में उड़ गये।

पवनसुत थोड़ी ही दूर गये थे कि सिंहिका नामक राक्षसनी की उन पर दृष्टि पड़ी। वह हनुमान को खाने के लिये लालयित हो उठी। वह छाया ग्रहण विद्या में पारंगत थी। जिस किसी प्राणी की छाया पकड़ लेती थी, वह उसके बन्धन में बँधा चला आता था। जब उसने हनुमान की छाया को पकड़ लिया तो हनुमान की गति अवरुद्ध हो गई। उन्होंने आश्चर्य से सिंहिका की ओर देखा। वे समझ गये, सुग्रीव ने जिस अद्भुत छायाग्राही प्राणी की बात कही थे, सम्भवतः यह वही है। यह सोच कर उन्होंने योगबल से अपने शरीर का विस्तार मेघ के समान अत्यन्त विशाल कर लिया। सिंहिका ने भी अपना मुख तत्काल आकाश से पाताल तक फैला लिया और गरजती हई उनकी ओर दौड़ी। यह देख कर हनुमान अत्यन्त लघु रूप धारण करके उसके मुख में जा गिरे और अपने तीक्ष्ण नाखूनों से उसके मर्मस्थलों को फाड़

डाला।

इसके पश्चात् बड़ी फुर्ती से बाहर निकल कर आकाश की ओर उड़ चले। राक्षसनी क्षत-विक्षत हो कर समुद्र में गिर पड़ी और मर गई।

- **हनुमान जी का लंका में प्रवेश - सुन्दरकाण्ड**

चार सौ योजन अलंघनीय समुद्र को लाँघ कर महाबली हनुमान जी त्रिकूट नामक पर्वत के शिखर पर स्वस्थ भाव से खड़े हो गये। कपिश्रेष्ठ ने वहाँ सरल (चीड़), कनेर, खिले हुए खजूर, प्रियाल (चिरौंजी), मुचुलिन्द (जम्बीरी नीबू), कुटज, केतक (केवड़े), सुगन्धपूर्ण प्रियंगु (पिप्पली), नीप (कदम्ब या अशोक), छितवन, असन, कोविदार तथा खिले हुए करवीर भी देखे। फूलों के भार से लदे हुए तथा मुकुलित (अधखिले), बहुत से वृक्ष भी उन्हें दृष्टिगोचर हुए जिनकी डालियाँ झूम रही थीं और जिन पर नाना प्रकार के पक्षी कलरव कर रहे थे।

हनुमान जी धीरे धीरे अद्भुत शोभा से सम्पन्न रावणपालित लंकापुरी के पास पहुँचे। उन्होंने देखा, लंका के चारों ओर कमलों से सुशोभित जलपूरित खाई खुदी हुई है। वह महापुरी सोने की चहारदीवारी से घिरी हुई हैं। श्वेत रंग की ऊँची ऊँची सड़कें उस पुरी को सब ओर से घेरे हुए थीं। सैकड़ों गगनचुम्बी अट्टालिकाएँ ध्वजा-पताका फहराती हुई उस नगरी की शोभा बढ़ा रही हैं।

उस पुरी के उत्तर द्वार पर पहुँच कर वानरवीर हुनमान जी चिन्ता में पड़ गये। लंकापुरी भयानक राक्षसों से उसी प्रकार भरी हुई थी जैसे कि पाताल की भोगवतीपुरी नागों से भरी रहती है। हाथों में शूल और पट्टिश लिये बड़ी बड़ी दाढ़ों वाले बहुत से शूरवीर घोर राक्षस लंकापुरी की रक्षा कर रहे थे।

नगर की इस भारी सुरक्षा, उसके चारों ओर समुद्र की खाई और रावण जैसे भयंकर शत्रु को देखकर हनुमान जी विचार करने लगे कि यदि वानर वहाँ तक आ जायें तो भी वे व्यर्थ ही सिद्ध होंगे क्योंकि युद्ध द्वारा देवता भी लंका पर विजय नहीं पा सकते। रावणपालित इस दुर्गम और विषम (संकटपूर्ण) लंका में महाबाहु रामचन्द्र आ भी जायें तो क्या कर पायेंगे? राक्षसों पर साम, दान और भेद की नीति का प्रयोग असम्भव दृष्टिगत हो रहा है। यहाँ तो केवल चार वेगशाली वानरों अर्थात् बालिपुत्र अंगद, नील, मेरी और बुद्धिमान राजा सुग्रीव की ही पहुँच हो सकती है। अच्छा पहले यह तो पता लगाऊँ कि विदेहकुमारी सीता जीवित भी है या नहीं? जनककिशोरी का दर्शन करने के पश्चात् ही मैं इस विषय में कोई विचार करूँगा।

उन्होंने सोचा कि मैं इस रूप से राक्षसों की इस नगरी में प्रवेश नहीं कर सकता क्योंकि बहुत से क्रूर और बलवान राक्षस इसकी रक्षा कर रहे हैं। जानकी की खोज करते समय मुझे स्वयं को इन महातेजस्वी, महापराक्रमी और बलवान राक्षसों से गुप्त रखना होगा। अतः मुझे रात्रि के समय ही नगर में प्रवेश करना चाहिये और सीता का अन्वेषण का यह

समयोचित कार्य करने के लिये ऐसे रूप का आश्रय लेना चाहिये जो आँख से देखा न जा सके, मात्र कार्य से ही यह अनुमान हो कि कोई आया था।

देवताओं और असुरों के लिये भी दुर्जय लंकापुरी को देखकर हनुमान जी बारम्बार लम्बी साँस खींचते हुये विचार करने लगे कि किस उपाय से काम लूँ जिसमें दुरात्मा राक्षसराज रावण की दृष्टि से ओझल रहकर मैं मिथिलेशनन्दिनी जनककिशोरी सीता का दर्शन प्राप्त कर सकूँ। अविवेकपूर्ण कार्य करनेवाले दूत के कारण बने बनाये काम भी बिगड़ जाते हैं। यदि राक्षसों ने मुझे देख लिया तो रावण का अनर्थ चाहने वाले श्री राम का यह कार्य सफल न हो सकेगा। अतः अपने कार्य की सिद्धि के लिये रात में अपने इसी रूप में छोटा सा शरीर धारण करके लंका में प्रवेश करूँगा और घरों में घुसकर जानकी जी की खोज करूँगा।

ऐसा निश्चय करके वीर वानर हनुमान सूर्यास्त की प्रतीक्षा करने लगे। सूर्यास्त हो जाने पर रात के समय उन्होंने अपने शरीर को छोटा बना लिया और उछलकर उस रमणीय लंकापुरी में प्रवेश कर गये।

- लंका में सीता की खोज - सुन्दरकाण्ड

इस प्रकार से सुग्रीव का हित करने वाले कपिराज हनुमान जी ने लंकापुरी में प्रवेश कर मानो शत्रुओं के सिर पर अपना बायाँ पैर रख दिया। वे राजमार्ग का आश्रय ले उस रमणीय लंकापुरी की और चले। वहाँ पर स्वर्ण निर्मित विशाल भवनों में दीपक जगमगा रहे थे। कहीं नृत्य हो रहा था और कहीं सुरा पी कर मस्त हुये राक्षस अनर्गल प्रलाप कर रहे थे। हनुमान जी ने देखा कि बहुत से राक्षस मन्त्रों का जाप करते हुए स्वाध्याय में तत्पर थे। कोई जटा बढ़ाये तो कोई मूड़ मुड़ाये रावण के अनेक गुप्तचर भी उन्हें दृष्टिगत हुए।

हनुमान जी ने नगर के सब भवनों तथा एकान्त स्थानों को छान डाला, परन्तु कहीं सीता दिखाई नहीं दीं। अन्त में उन्होंने सब ओर से निराश हो कर रावण के उस राजप्रासाद में प्रवेश किया जिसमें लंका के मन्त्री, सचिव एवं प्रमुख सभासद निवास करते थे। उन सब का भली-भाँति निरीक्षण करने के पश्चात् वे रावण के अत्यन्त प्रिय बृहत्शाला की ओर चले। वहाँ की सीढ़ियाँ रत्नजटित थीं। स्वर्ण निर्मित वातायन दीपों के प्रकाश से जगमगा रही थीं।

स्थान-स्थान पर हाथी दाँत का काम किया हुआ था। छतें और स्तम्भ मणियों तथा रत्नों से जड़े हुये थे। इन्द्र के भवन से भी अधिक सुसज्जित इस भव्य शाला को देख कर हनुमान चकित रह गये। उन्होंने एक ओर स्फटिक के सुन्दर पलंग पर रावण को हुए मदिरा के मद में पड़े देखा जो कि अनिंद्य सुन्दरियों से घिरे हए था। उसके नेत्र अद्र्धनिमीलित हो रहे थे। अनेक रमणियों के वस्त्राभूषण अस्त-व्यस्त हो रहे थे और वे सुरा के प्रभाव से अछूती भी नहीं थीं। वहाँ भी सीता को न पा कर पवनसुत बाहर निकल आये।

फिर हनुमान जी ने रावण के अन्य निकट सम्बंधियों के निवास स्थानों में सीता की खोज की किन्तु वहाँ भी उन्हें असफलता ही मिली। तत्पश्चात् हनुमान ने रावण की पटरानी

मन्दोदरी के भवन में प्रवेश किया। अपने शयनागार में मन्दोदरी एक स्फटिक से श्वेत पलंग पर सो रही थी। उसके शय्या के चारों ओर रंग-बिरंगी सुवासित पुष्पमालायें झूल रही थीं। उसके अद्भुत रूप, लावण्य, सौन्दर्य एवं यौवन को देख कर हनुमान के मन में विचार आया, सम्भवतः यही जनकनन्दिनी सीता हैं, परन्तु उसी क्षण उनके मन में एक और विचार उठा कि ये सीता नहीं हो सकतीं क्योंकि रामचन्द्र जी के वियोग में पतिव्रता सीता न तो सो सकती हैं और न इस प्रकार आभूषण आदि पहन कर श्रृंगार ही कर सकती हैं। अतएव यह स्त्री अनुपम लावण्यमयी होते हुये भी सीता कदापि नहीं है। यह सोच कर वे उदास हो गये और मन्दोदरी के कक्ष से बाहर निक आये।

अकस्मात् वे सोचने लगे कि आज मैंने पराई स्त्रियों को अस्त-व्यस्त वेष में सोते हुये देख कर भारी पाप किया है। वे इस पर पश्चाताप करने लगे। फिर यह विचार कर उन्होंने अपने मन को शान्ति दी कि उन्हें देख कर मेरे मन में कोई विकार उत्पन्न नहीं हुआ इसलिये यह पाप नहीं है। फिर जिस उद्देश्य के लिये मुझे भेजा गया है, उसकी पूर्ति के लिये मुझे अनिवार्य रूप से स्त्रियों का अवलोकन करना पड़ेगा। इसके बिना मैं अपना कार्य कैसे पूरा कर सकूँगा।

फिर वे सोचने लगे मुझे सीता जी कहीं नहीं मिलीं। रावण ने उन्हें मार तो नहीं डाला? यदि ऐसा है तो मेरा सारा परिश्रम व्यर्थ गया। नहीं, मुझे यह नहीं सोचना चाहिये। जब तक मैं लंका का कोना-कोना न छान मारूँ, तब तक मुझे निराश नहीं होना चाहिये। यह सोच कर अब उन्होंने ऐसे-ऐसे स्थानों की खोज आरम्भ की, जहाँ तनिक भी असावधानी उन्हें यमलोक तक पहुँचा सकती थी। उन स्थानों में उन्होंने रावण द्वारा हरी गई अनुपम सुन्दर नागकन्याओं एवं किन्नरियों को भी देखा, परन्तु सीता कहीं नहीं मिलीं। सब ओर से निराश हो कर उन्होंने सोचा, मैं बिना सीता जी का समाचार लिये लौट कर किसी को मुख नहीं दिखा सकता। इसलिये यहीं रह कर उनकी खोज करता रहूँगा, अथवा अपने प्राण दे दूँगा। यह सोच कर भी उन्होंने सीता को खोजने का कार्य बन्द नहीं किया।

• हनुमान जी अशोकवाटिका में - सुन्दरकाण्ड

हनुमान जी सीता की खोज के अपने निश्चय पर अडिग हो गये। उन्होंने प्रण कर लिया कि जब तक मैं यशस्विनी श्री रामपत्नी सीता का दर्शन न कर लूँगा तब तक इस लंकापुरी में बारम्बार उनकी खोज करता ही रहूँगा। इधर यह अशोकवाटिका दृष्टिगत हो रही है जिसके भीतर अनेक विशाल वृक्ष हैं। इस वाटिका में मैंने अभी तक अनुसंधान नहीं किया है अतः अब इसी में चलकर जनककुमारी वैदेही को ढूँढना चाहिये।

वह अशोकवाटिका चारों ओर से ऊँचे परकोटों से घिरी हुई थी। अतः वाटिका के भीतर जाने के उद्देश्य से हनुमान जी उसकी चहारदीवारी पर चढ़ गये। चहारदीवारी पर बैठे हुए उन्होंने देखा कि वहाँ साल, अशोक, निम्ब और चम्पा के वृक्ष भली-भाँति खिले हुए थे।

बहुवार, नागकेसर और बन्दर के मुँह की भाँति लाल फल देने वाले आम भी पुष्प मञ्जरियों से सुशोभित हो रहे थे। अमराइयों से युक्त वे सभी वृक्ष शत-शत लताओं से आवेष्टित हो रहे थे। हनुमान जी प्रत्यञ्चा से छूटे हुए बाण के समान उछले और उन वृक्षों की वाटिका में जा पहुँचे।

वह विचित्र वाटिका स्वर्ण और रजत के समान वर्ण वाले वृक्षों द्वारा सब ओर से घिरी हुई थी और नाना प्रकार के पक्षियों के कलरव से गुंजायमान हो रही थी। भाँति-भाँति के विहंगमों और मृगसमूहों से उसकी विचित्र शोभा हो रही थी। वह विचित्र काननों से अलंकृत थी और नवोदित सूर्य के समान अरुण रंग की दिखाई देती थी। फूलों और फलों से लदे हुए नाना प्रकार के वृक्षों से व्याप्त हुई उस अशोकवाटिका का मतवाले कोकिल और भ्रमर सेवन करते थे। मृग और द्विज (पक्षी) मदमत्त हो उठते थे। मतवाले मोरों का कलनाद वहाँ निरन्तर गूँजता रहता था।

वाटिका में जहाँ-तहाँ विभिन्न आकारों वाली बावड़ियाँ थीं जो उत्तम जल और मणिमय सोपानों से युक्त थीं। जल के नीचे की फर्श स्फटिक मणि की बनी हुई थी और बावड़ियों के तटों पर तरह-तरह के विचित्र सुवर्णमय वृक्ष शोभा दे रहे थे। उनमें खिले हुए कमलों के वन, चक्रवाकों के जोड़े, पपीहा, हंस और सारस वहाँ की शोभा बढ़ा रहे थे। उस अशोकवाटिका में विश्वकर्मा के बनाये हुए बड़े-बड़े महल और कृत्रम कानन सब ओर से उसकी शोभा बढ़ा रहे थे।

तदन्तर महाकपि हनुमान ने एक सुवर्णमयी शिंशपा (अशोक) वृक्ष देखा जो बहुत से लताविताओं और अगणित पत्तों से व्याप्त था तथा सब ओर से सुवर्णमयी वेदिकाओं से घिरा था। महान वेगशाली हनुमान जी उस अशोक वृक्ष पर यह सोचकर चढ़ गये कि मैं यहीं से श्री रामचन्द्र जी के दर्शन के लिये उत्सुक हुई विदेहनन्दिनी सीता को देखूँगा जो दुःख से आतुर हो इच्छानुसार इधर-उधर आती होंगी। यह प्रातःकाल की सन्ध्योपासना का समय है और सन्ध्याकालिक उपासना के लिये वैदेही अवश्य ही यहाँ पर पधारेंगी। ऐसा सोचते हुए महात्मा हनुमान जी नरेन्द्रपत्नी सीता के शुभागमन की प्रतीक्षा में तत्पर हो उस अशोकवृक्ष पर छिपे रहकर उस सम्पूर्ण वन पर दृष्टिपात करते रहे।

उस अशोकवाटिका में वानर-शिरोमणि हनुमान ने थोड़ी ही दूर पर एक गोलाकार ऊँचा एक हजार खंभों वाला गोलाकार प्रासाद देखा जो कैलास पर्वत के समान श्वेत वर्ण का था। उसमें मूँगे की सीढ़ियाँ बनीं थीं तथा तपाये हुए सोने की वेदियाँ बनायी गयी थीं। उनकी दृष्टि वहाँ एक सुन्दरी स्त्री पर पड़ी जो मलिन वस्त्र धारण किये राक्षसियों से घिरी हुई बैठी थी। अलंकारशून्य होने के कारण वह कमलों से रहित पुष्करिणी के समान श्रीहीन दिखाई देती थी।

वह शोक से पीड़ित, दुःख से संतप्त और सर्वथा क्षीणकाय हो रही थी। उपवास से दुर्बल हुई उस दुखिया नारी के मुँह पर आँसुओं की धारा बह रही थी। वह शोक और चिन्ता में मग्न हो दीन दशा में पड़ी हुई थी एवं निरन्तर दुःख में ही डूबी रहती थी। काली नागिन के समान

कटि से नीचे तक लटकी हुई एकमात्र काली वेणी द्वारा उपलक्षित होनेवाली वह नारी बादलों के हट जाने पर नीली वनश्रेणी से घिरी हुई पृथ्वी के समान प्रतीत होती थी।

हनुमान जी ने अनुमान किया कि हो-न-हो यही सीता है। इन्हीं के वियोग में दशरथनन्दन राम व्याकुल हो रहे हैं। यह तपस्विनी ही उनके हृदय में अक्षुण्ण रूप से निवास करती हैं। इन्हीं सीता को पुनः प्राप्त करने के लिये रामचन्द्र जी ने वालि का वध कर के सुग्रीव को उनका खोया हुआ राज्य दिलाया है। इन्हीं को खोज पाने के लिये मैंने विशाल सागर को पार कर के लंका के भवन अट्टालिकाओं की खाक छानी है। इस अद्भुत सुन्दरी को प्राप्त करने के लिये रघुनाथ जी सागर पर्वतों सहित यदि सम्पूर्ण धरातल को भी उलट दें तो भी कम है।

ऐसी पतिपरायणा साध्वी देवी के सम्मुख तीनों लोकों का राज्य और चौदह भुवन की सम्पदा भी तुच्छ है। आज यह महा पतिव्रता राक्षसराज रावण के पंजों में फँस कर असह्य कष्ट भोग रही है। मुझे अब इस बात में तनिक भी सन्देह नहीं है कि यह वही सीता है जो अपने देवता तुल्य पति के प्रेम के कारण अयोध्या के सुख-वैभव का परित्याग कर के रामचन्द्र के साथ वन के कष्टों को हँस-हँस कर झेलने के लिये चली आई थीं और जिसे नाना प्रकार के दुःखों को उठा कर भी कभी वन में आने का पश्चाताप नहीं हुआ। वही सीता आज इस राक्षसी घेरे में फँस कर अपने प्राणनाथ के वियोग में सूख-सूख कर काँटा हो गई हैं, किन्तु उन्होंने अपने सतीत्व पर किसी प्रकार की आँच नहीं आने दिया। इसमें सन्देह नहीं, यदि इन्होंने रावण के कुत्सित प्रस्ताव को स्वीकार कर लिया होता तो आज इनकी यह दशा नहीं होती। राम के प्रति इनके मन में कितना अटल स्नेह है, यह इसी बात से सिद्ध होता है कि ये न तो अशोकवाटिका की सुरम्य शोभा को निहार रही हैं और न इन्हें घेर कर बैठी हुई निशाचरियों को। उनकी एकटक दृष्टि पृथ्वी में राम की छवि को निहार रही हों।

सीता की यह दीन दशा देख कर भावुक पवनसुत के नेत्रों से अश्रुधारा प्रवाहित हो चली। वे सुध-बुध भूल कर निरन्तर आँसू बहाने लगे। कभी वे सीता जी की दीन दशा को देखते थे और कभी रामचन्द्र जी के उदास दुःखी मुखण्डल का स्मरण करते थे। इसी विचारधारा में डूबते-उतराते रात्रि का अवसान होने और प्राची का मुखमण्डल उषा की लालिमा से सुशोभित होने लगी। तभी हनुमान को ध्यान आया कि रात्रि समाप्तप्राय हो रही है। वे चैतन्य हो कर ऐसी युक्ति पर विचार करने लगे जिससे वे सीता से मिल कर उनसे वार्तालाप करके उन तक श्री रामचन्द्र जी का सन्देश पहुँचा सकें।

• रावण -सीता संवाद - सुन्दरकाण्ड

इस प्रकार फूले हुए वृक्षों से सुशोभित उस वन की शोभा देखते और विदेहनन्दिनी का अनुसंधान करते हुए हनुमान जी की वह सारी रात प्रायः व्यतीत हो चली। रात्रि जब मात्र एक प्रहर बाकी रही तो रात के उस पिछले प्रहर में छहों अंगोंसहित सम्पूर्ण वेदों के विद्वान तथा

श्रेष्ठ यज्ञों द्वारा यजन करने वाले ब्रह्म-राक्षसों के घर में वेदपाठ की ध्वनि होने लगी जिसे हनुमान जी ने सुना।

तदन्तर मंगल वाद्यों तथा श्रवण-सुखद शब्दों द्वारा महाबाहु दशमुख रावण को जगाया गया। जागने पर महाभागी एवं प्रतापी राक्षसराज रावण ने सबसे पहले विदेहनन्दिनी सीता का चिन्तन किया। सीता के प्रति आसक्त एवं काम से प्रेरित रावण ने सब प्रकार के आभूषण धारण कर तथा परम उत्तम शोभा से सम्पन्न हो अशोकवाटिका में प्रवेश किया। पुलस्त्यनन्दन रावण के पीछे-पीछे लगभग एक सौ सुन्दरियाँ भी थीं।

काम के आधीन एवं मन में सीता की आस लगाये मन्दगति से आगे बढ़ता रावण अद्भुत शोभा पा रहा था। काम, दर्प और मद से युक्त अचिन्त्य बल-पौरुष से सम्पन्न रावण के अशोकवाटिका के द्वार तक पहुँचने पर कपिवर हनुमान जी ने उसे देखा। यद्यपि मतिमान् हनुमान जी अत्यन्त उग्रतेजस्वी थे, तथापि रावण के तेज से तिरस्कृत-से होकर सघन पत्तों में घुसकर छिप गये।

अनिंद्य सुन्दरी राजकुमारी सीता ने जब उत्तमोत्तम आभूषणों से विभूषित तथा रूप-यौवन से सम्पन्न राक्षसराज रावण को आते देखा तो वे प्रचण्ड हवा में हिलने वाली कदली के समान भय के मारे थर-थर काँपने लगीं। सुन्दर कान्ति वाली विशाललोचना जानकी ने अपने जंघाओं से पेट और दोनों भुजाओं से स्तन छिपा लिये और रुदन करने लगीं। निशाचरियों से घिरी आसन रहित भूमि पर शोक-विह्वल दीन सीता को रावण ने ध्यानपूर्वक देखा जो दृष्टि नीची किये एकटक पृथ्वी की ओर देख रही थी।

ऐसी दुःखी जानकी के पास आकर लंकापति रावण हँसता हुआ बोले, हे मृगनयनी! मुझे देख कर तू अपने शरीर को छिपाने का प्रयत्न क्यों कर रही है। स्मरण रख, तेरी इच्छा के बिना मैं कदापि तेरा स्पर्श नहीं करूँगा। तू मुझ पर और मेरे कथन पर विश्वास रख और इस प्रकार दुःखी हो कर अश्रु मत बहा। तेरी यह मलिन, आभूषणरहित वेश-भूषा देख कर मुझे अत्यधिक पीड़ा होती है। तू संसार की सुन्दरियों में शिरोमणि है। अपने इस सौन्दर्य तथा यौवन को व्यर्थ नष्ट मत होने दे। यदि एक बार यह यौवन नष्ट हो गया तो फिर लौट कर नहीं आयेगा। मैं फिर कहता हूँ, तू विश्व की अनुपम सुन्दरी है विधाता की अद्वितीय सृष्टि है। तेरे निर्माण में ब्रह्मा ने अपना सारा कौशल और चतुराई लगा दी।

इसीलिये तेरी रचना में उसने किसी प्रकार की कोई कमी नहीं रखी है। तेरे किस-किस अंग की मैं सराहना करूँ। जिस अंग पर दृष्टि पड़ती है, उसी पर अटक कर रह जाती है। मैं तुझे पूरे हृदय से अपनाना चाहता हूँ। मैं तेरे प्रत्येक अंग का रसास्वादन करना चाहता हूँ। इसी लिये तुझसे कहता हूँ, तू राम का मोह छोड़ दे। मैं तुझे अपनी पटरानी बनाऊँगा। मेरी सब रानियाँ तो तेरी चरणों की दासी बनेंगी ही, मैं भी तेरा दास बन कर रहूँगा। अपने भुजबल से अर्जित सम्पूर्ण सम्पत्ति तेरे चरणों में अर्पित कर दूँगा। जीते हुये समस्त राज्य तेरे पिता जनक को दे दूँगा।

तू वास्तव में इतनी सुन्दर है कि तुझे देख कर तो तुझे बनाने वाला स्वयं विधाता कामवश हो जायेगा, मेरी तो बात ही क्या है? इसलिये तू मेरी बात स्वीकार कर ले। राम से भयभीत होने की आवश्यकता कोई नहीं है। संसार में कोई भी मुझसे लोहा नहीं ले सकता। चल, उठ कर खड़ी हो जा और सुन्दर वस्त्राभूषण धारण कर के मेरे साथ रमण कर। हे कल्याणी! चल कर तू मेरे ऐश्वर्य को देख और उस कंगाल वनवासी को भूल जा। तू ही सोच, राम के पास न राज्य है, न धन है, न कोई दास है, न सेना है और न कोई साधन है। फिर यह भी क्या पता है कि वह अभी जीता है या मर गया। यदि जीवित भी हो तो भी न तो तू उसके पास पहुँच सकती है और न वह स्वयं ही यहाँ आ सकता है। अतएव चिन्ता का परित्याग कर के निश्चिन्त हो कर मेरे साथ रमण कर।

रावण के नीच वचनों को सुन कर मध्य में तृण रख कर जानकी बोलीं, हे लंकेश! तुम्हारे जैसे विद्वान के लिये यह उचित होगा कि तुम अपनी मर्यादाओं का उल्लंघन न करो और मुझसे अपना मन हटा कर अपनी रानियों से प्रेम करो। स्मरण रखो, पापी और नीच भावना रखने वाले पुरुषों को अपने उद्देश्य में कभी सफलता नहीं मिलती। मैं उत्तम कुल में जन्म लेने वाली पतिपरायणा पत्नी हूँ, तुम मुझे मेरे सतीत्व से कदापि विचलित नहीं कर सकते। अपने प्राण रहते मैं तुम्हारे नीचता से परिपूर्ण प्रस्ताव को किसी भी दशा में स्वीकार नहीं कर सकती।

यदि तुममें तनिक भी न्याय-बुद्धि होती तो तुम अन्य स्त्रियों के धर्म की उसी प्रकार रक्षा करते जिस प्रकार अपनी रानियों के सतीत्व की करते हो। क्या इस लंका में ऐसा कोई समझदार व्यक्ति नहीं है जो तुम्हें इस साधारण सी बात का बोध कराये? तुम तो नीतिवान बनते हो, फिर नीति का यह वाक्य कैसे भूल गये कि जिस राजा की इन्द्रियाँ उसके वश में नहीं रहतीं, वह चाहे कितना ही ऐश्वर्यवान हो, अन्त में रसातल को जाता है, उसका सर्वस्व नष्ट हो जाता है। हे दुर्बुद्धे! तूने अभी तक मुझे पहचाना नहीं है। मैं तेरे ऐश्वर्य, राज्य, धन-सम्पत्ति के लोभ में नहीं फँस सकती। तेरा यह कहना भी एक व्यर्थ का प्रलाप है कि मैं रघुकुलमणि रामचन्द्र जी से नहीं मिल सकती। अरे मूर्ख! वे तो सदैव मेरे हृदय में निवास करते हैं।

मुझे कोई उनसे अलग नहीं कर सकता। मेरा उनका ऐसा अटूट सम्बंध है जैसा कि सूर्य का उसकी प्रभा से। इसलिये मैं उनकी हूँ और सदा ही उनकी रहूँगी। यदि तू सोच-समझ कर यह मान ले कि तूने मेरा अपहरण कर के एक भयंकर अपराध किया है और इसलिये मुझे लौटाते हुये तुझे भय लगता है तो मैं तुझे अभयदान देते हुये वचन देती हूँ कि तू मुझे उनके पास पहुँचा दे, मैं तुझे उनसे क्षमा करा दूँगी। यदि तुम अब भी अपनी हठ पर अड़े रहे तो विश्वास करो कि तुम्हारी मृत्यु निश्चित है और तुम्हें उनके बाणों से कोई नहीं बचा सकता। इसलिये मैं फिर कहती हूँ कि सावधान हो जाओ। अपने साथ लंका और लंकावासियों का नाश मत करो। इसी में तुम्हारा और तुम्हारे राक्षसकुल का कल्याण है।

- रावण -सीता संवाद 2 - सुन्दरकाण्ड

सीता के ये कठोर वचन सुनकर राक्षसराज रावण ने उन प्रियदर्शना सीता को यह अप्रिय उत्तर दिया, लोक में पुरुष जैसे-जैसे अनुनय-विनय करता है, वैसे-वैसे ही वह उनका प्रिय होता जाता है किन्तु मैं तुमसे ज्यों-ज्यों मीठे वचन बोलता हूँ त्यों-त्यों तुम मेरा तिरस्कार करती जाती हो।

तुम्हारे प्रति जो मेरा प्रेम उत्पन्न हो गया है, वही मेरे क्रोध को रोक रहा है। हे समुखि! यही कारण है कि वध और तिरस्कार के योग्य होने पर भी मैं तुम्हारा वध नहीं कर रहा हूँ। मिथिलेशकुमारी! तुम मुझसे जैसी कठोर बातें कह रही हो, उनके प्रतिकार में तुम्हें कठोर प्राणदण्ड देना ही उचित है। हे सुन्दरि! मैंने तुम्हारे लिये जो अवधि नियुक्त की है उसके अनुसार मुझे दो महीने और प्रतीक्षा करनी है। तत्पश्चात् तुम्हें मेरी शय्या पर आना ही होगा। स्मरण रखो यदि दो महीने बाद तुमने अपना पति स्वीकार नहीं करोगी तो मेरे रसोइये मेरे कलेवे के लिये तुम्हारे टुकड़े-टुकड़े कर डालेंगे।

राक्षसराज रावण के इन वचनों को सुनकर पातिव्रत्य और पति के शौर्य के अभिमान से परिपूर्ण सीता ने कहा, निश्चय ही इस नगर में तेरा भला चाहने वाला कोई भी ऐसा पुरुष नहीं है जो तुझे इस निन्दित कर्म से रोके। नीच राक्षस! तूने अमित तेजस्वी श्री राम की भार्या से जो पाप की बात कही है, उसके परिणामस्वरूप दण्ड से तू कहाँ जाकर छुटकारा पायेगा? मैं धर्मात्मा श्री राम की धर्मपत्नी और महाराज दशरथ की पुत्रवधू हूँ। दशमुख रावण! मेरा तेज ही तुझे भस्म कर डालने के लिये पर्याप्त है। केवल श्रीराम की आज्ञा न होने से और अपनी तपस्या को सुरक्षि रखने के विचार से मैं तुझे भस्म नहीं कर रही हूँ। निःसन्देह तेरे वध के लिये ही विधाता ने यह विधा रच दिया है। तू कितना वीर और पराक्रमी है इसका पता तो मुझे उसी दिन चल गया था, जब तेरे पास इतनी विशाल सेना, बल और तेज होते हुये भी तू मुझे चोरों की भाँति मेरे पति की अनुपस्थिति में चुरा लाया था। क्या इससे तेरी कायरता का पता नहीं चलता।

सीता के मुख से ऐसे अप्रत्याशित एवं अपमानजनक वचन सुनकर रावण का सम्पूर्ण शरीर क्रोध से थर-थर काँपने लगा। उसके नेत्रों से अंगारे बरसाने लगे। वह दहाड़ता हुआ बोला, अन्यायी और निर्धन मनुष्य का अनुसरण करने वाली नारी! जैसे सूर्यदेव अपने तेज से प्रातःकालिक संध्या के अन्धकार को नष्ट कर देते हैं उसी प्रकार मैं तेरा तत्काल विनाश किये देता हूँ।

तत्पश्चात् रावण ने एकाक्षी (एक आँख वाली), एककर्णा (एक कान वाली), अश्वपदी (घोड़े के समान पैर वाली), सिंहमुखी (सिंह के समान मुख वाली) आदि विकराल दिखायी देनेवाली राक्षसियों को सम्बोधित करते हुए कहा, जिस प्रकार भी हो, सीता को मेरे वश में होने के लिये विवश करो। यदि वह प्रेम से न माने तो इसे मनचाहा दण्ड दो ताकि यह हाथ जोड़ कर गिड़गिड़ाती तुई मुझसे प्रार्थना करे और मुझे अपना पति स्वीकार करे।

राक्षसियों को इस प्रकार आज्ञा देकर काम और क्रोध से व्याकुल हुआ राक्षसराज रावण सीता की ओर देखकर गर्जना करने लगा। रावण को अत्यन्त क्रोधित देखकर मन्दोदरी और धान्यमालिनी नाम की एक अन्य राक्षस-कन्या शीघ्र रावण के पास आयीं और उसका आलिंगन कर बोलीं, हे प्राणनाथ! आप इस कुरूप सीता के लिये क्यों इतने व्याकुल होते हैं? भला इसके फीके पतले अधरों, अनाकर्षक कान्ति और छोटे भद्दे आकार में क्या आकर्षण है? आप चल कर मेरे साथ विहार कीजिये। इस अभागी को मरने दीजिये। इसके ऐसे भाग्य कहाँ जो आप जैसे अपूर्व बलिष्ठ, अद्भुत पराक्रमी, तीनों लोकों के विजेता के साथ रमण-सुख प्राप्त कर सके। नाथ! जो स्त्री आपको नहीं चाहती, उसके पीछे उन्मत्त की भाँति दौड़ने से क्या लाभ? इससे तो व्यर्थ ही मन को दुःख होता है।

जब उन राक्षसियों ने ऐसा कहा और उसे दूसरी ओर हटा ले गयीं तो मेघ के समान काला और बलवान राक्षस रावण जोर-जोर से हँसता हुआ अपने भव्य प्रासाद की ओर चल पड़ा।

• **जानकी राक्षसी घेरे में - सुन्दरकाण्ड**

राक्षसराज रावण के चले जाने के बार भयानक रूप वाली राक्षसियों ने सीता को घेर लिया और उन्हें अनेक प्रकार से डराने धमकाने लगीं। वे सीता की भर्त्सना करते हुए कहने लगीं, हे मूर्ख अभागिन! हे नीच नारी! तीनों लोकों और चौदह भुवनों को अपने पराक्रम से पराजित करने वाले परम तेजस्वी राक्षसराज की शैया प्रत्येक को नहीं मिलती। यह तो तुम्हारा परम सौभाग्य है कि स्वयं लंकापति तुम्हें अपनी अंकशायिनी बनाना चाहते हैं।

तनिक विचार कर देखो, कहाँ अगाध ऐश्वर्य, स्वर्णपुरी तथा अतुल सम्पत्ति का एकछत्र स्वामी और कहाँ वह राज्य से निकाला हुआ, कंगालों की भाँति वन-वन में भटकने वाला, हतभाग्य साधारण सा मनुष्य! सोच-समझ कर निर्णय करो और महाप्रतापी लंकाधिपति रावण को पति के रूप में स्वीकार करो। उसकी अद्धार्गिनी बनने में ही तुम्हारा कल्याण है। अन्यथा राम के वियोग में तड़प-तड़प कर मरोगी या राक्षसराज के हाथों मारी जाओगी। तुम्हारा यह कोमल शरीर इस प्रकार नष्ट होने के लिये नहीं है। महाराज रावण के साथ विलास भवन में जा कर रमण करो। महाराज तुम्हें इतना विलासमय सुख देंगे जिसकी तुमने उस कंगाल वनवासी के साथ रहते कल्पना भी नहीं की होगी।

राक्षसियों की ये बातें सुनकर कमलनयनी सीता ने अश्रुपूर्ण नेत्रों से उनकी ओर देख कर कहा, तुम सब का यह लोक-विरुद्ध एवं पापपूर्ण प्रस्ताव मेरे हृदय में क्षणमात्र को भी ठहर नहीं पाता। एक मानवकन्या किसी राक्षस की भार्या नहीं हो सकती। तुम सब लोग भले ही मुझे खा जाओ किन्तु मैं तुम्हारी बात नहीं मान सकती। मेरे पति दीन हों अथवा राज्यहीन, वे ही मेरे स्वामी हैं और मैं सदा उन्हीं में अनुरक्त हूँ तथा आगे भी रहूँगी। जैसे सुवर्चला सूर्य में, महाभागा शची इन्द्र में, अरुन्धती महर्षि वसिष्ठ में, रोहिणि चन्द्र में, सुकन्या च्यवन में, सावित्री सत्यवान में, श्रीमती कपिल में, मदयन्ती सौदास में, केशिनी सगर में और दमयन्ती

नल में अनुराग रखती हैं वैसे ही मैं भी अपने पति इक्ष्वाकुवंशशिरोमणि श्री राम में अनुरक्त हूँ।

सीता के वचन सुन कर राक्षसियों के क्रोध की सीमा न रही। वे रावण की आज्ञानुसार कठोर वचनों द्वारा उन्हें धमकाने लगीं। अशोकवृक्ष में चुपचाप छिपे बैठे हुए हनुमान जी सीता को फटकारती हुई राक्षसियों की बाते सुनते रहे। वे सब राक्षसियाँ कुपित होकर काँपती हुई सीता पर चारों ओर से टूट पड़ीं। उनका क्रोध बहुत बढ़ा हुआ था। राक्षसियों के बारम्बार धमकाने पर सर्वांगसुन्दरी कल्याणी सीता अपने आँसू पोंछती हुई उसी अशोकवृक्ष के नीचे चली आईं जिस पर हनुमान जी छिपे बैठे थे। शोकसागर में डूबी हुई विशाललोचना वैदेही वहाँ चुपचाप बैठ गईं। वे अत्यन्त दीन व दुर्बल हो गई थीं तथा उनके वस्त्र मलिन हो चुके थे। विकराल राक्षसियाँ फिर उन्हें घेरकर तरह-तरह से धमकाने लगीं।

विकराल रूप वाली राक्षसियों के द्वारा इस प्रकार से धमकाये जाने पर देवकन्या के समान सुन्दरी सीता धैर्य छोड़ कर रोने लगीं। विलाप करते हुए वे कहने लगीं, हे भगवान! अब यह विपत्ति नहीं सही जाती। प्रभो! मुझे इस विपत्ति से छुटकारा दिलाओ, या मुझे इस पृथ्वी से उठा लो। बड़े लोगों ने सच कहा है कि समय से पहले मृत्यु भी नहीं आती। आज मेरी कैसी दयनीय दशा हो गई है। कहाँ अयोध्या का वह राजप्रासाद जहाँ मैं अपने परिजनों तथा पति के साथ अलौकिक सुख भोगती थे और कहाँ यह दुर्दिन जब मैं पति से विमुक्त छल द्वारा हरी गई इन राक्षसों के फंदों में फँस कर निरीह हिरणी की भाँति दुःखी हो रही हूँ। आज अपने प्राणेश्वर के बिना मैं जल से निकाली गई मछली की भाँति तड़प रही हूँ।

इतनी भायंकर वेदना सह कर भी मेरे प्राण नहीं निकल रहे हैं। आश्चर्य यह है कि मर्मान्तक पीड़ा सह कर भी मेरा हृदय टुकड़े-टुकड़े नहीं हो गया। मुझ जैसी अभागिनी कौन होगी जो अपने प्राणाधिक प्रियतम से बिछुड़ कर भी अपने प्राणों को सँजोये बैठी है। अभी न जाने कौन-कौन से दुःख मेरे भाग्य में लिखे हैं। न जाने वह दुष्ट रावण मेरी कैसी दुर्गति करेगा। चाहे कुछ भी हो, मैं उस महापातकी को अपने बायें पैर से भी स्पर्श न करूँगी, उसके इंगित पर आत्म समर्पण करना तो दूर की बात है। यह मेरा दुर्भाग्य ही है किस एक परमप्रतापी वीर की भार्या हो कर भी दुष्ट रावण के हाथों सताई जा रही हूँ और वे मेरी रक्षा करने के लिये अभी तक यहाँ नहीं पहुँचे। मेरा तो भाग्य ही उल्टा चल रहा है।

यदि परोपकारी जटायुराज इस नीच के हाथों न मारे जाते तो वे अवश्य राघव को मेरा पता बता देते और वे आ कर रावण का विनाश करके मुझे इस भयानक यातना से मुक्ति दिलाते। परन्तु मेरा मन कह रहा है दि दुश्चरित्र रावण के पापों का घड़ा भरने वाला है। अब उसका अन्त अधिक दूर नहीं है। वह अवश्य ही मेरे पति के हाथों मारा जायेगा। उनके तीक्ष्ण बाण लंका को लम्पट राक्षसों के आधिपत्य से मुक्त करके अवश्य मेरा उद्धार करेंगे। किन्तु उनकी प्रतीक्षा करते-करते मुझे इतने दिन हो गये और वे अभी तक नहीं आये। कहीं ऐसा तो नहीं है कि उन्होंने मुझे मरा हुआ समझ लिया हो और इसलिये अब वे मेरी खोज खबर ही न ले रहे हों। यह भी तो हो सकता है कि दुष्ट मायावी रावण ने जिस प्रकार छल से मेरा हरण

किया, उसी प्रकार उसने छल से उन दोनों भाइयों का वध कर डाला हो। उस दुष्ट के लिये कोई भी नीच कार्य अकरणीय नहीं है। दोनों दशाओं में मेरे जीवित रहने का प्रयोजन नहीं है।

यदि उन्होंने मुझे मरा हुआ समझ लिया है या इस दुष्ट ने उन दोनों का वध कर दिया है तो भी मेरा और उनका मिलन जअब असम्भव हो गया है। जब मैं अपने प्राणेश्वर से नहीं मिल सकती तो मेरा जीवित रहना व्यर्थ है। मैं अभी इसी समय अपने प्राणों का उत्सर्ग करूँगी।

सीता के इन निराशा भरे वचनों को सुन कर पवनपुत्र हनुमान अपने मन में विचार करने लगे कि अब इस बात में कोई सन्देह नहीं है कि यह ही जनकनन्दिनी जानकी हैं जो अपने पति के वियोग में व्यकुल हो रही हैं। यही वह समय है, जब इन्हें धैर्य की सबसे अधिक आवश्यकता है।

• हनुमान सीता भेंट - सुन्दरकाण्ड

पराक्रमी हनुमान जी विचार करने लगे कि सीता का अनुसंधान करते करते मैंने गुप्तरूप से शत्रु की शक्ति का पता लगा लिया है तथा राक्षसराज रावण के प्रभाव का भी निरीक्षण भी कर लिया है। जिन सीता जी को हजारों-लाखों वानर समस्त दिशाओं में ढूँढ रहे हैं, आज उन्हें मैंने पा लिया है। ये शोक के कारण व्याकुल हो रही हैं अतः इन्हें सान्त्वना देना उचित है। परन्तु राक्षसियों की उपस्थिति में इनसे बात करना मेरे लिये ठीक नहीं होगा।

अब मेरे समक्ष समस्या यह है कि मैं अपने इस कार्य को कैसे सम्पन्न करूँ। यदि रात्रि के व्यतीत होते होते मैंने सीता जी को सान्त्वना नहीं दिया तो निःसन्देह ये सर्वथा अपने जीवन का परित्याग कर देंगी। यदि किसी कारणवश मैं सीता से न मिल सका तो मेरा सारा प्रयत्न निष्फल हो जायेगा। रामचन्द्र और सुग्रीव को सीता के यहाँ उपस्थित होने का समाचार देने से भी कोई लाभ नहीं होगा, क्योंकि इनकी दुःखद दशा को देखते हुये यह नहीं कहा जा सकता कि ये किस समय निराश हो कर अपने प्राण त्याग दें। इसलिये उचित यही होगा कि मैं सीता जी, जिनका चित्त अपने स्वामी में ही लगा हुआ है, को श्री राम के गुण गा-गाकर सुनाऊँ जिससे उन्हें मुझ पर विश्वास हो जाये।

इस प्रकार भली-भाँति विचार कर के हनुमान मन्द-मन्द मृदु स्वर में बोलने लगे, इक्ष्वाकुओं के कुल में परमप्रतापी, तेजस्वी, यशस्वी एवं धन-धान्य समृद्ध विशाल पृथ्वी के स्वामी चक्रवर्ती महाराज दशरथ हुये हैं। उनके ज्येष्ठ पुत्र उनसे भी अधिक तेजस्वी, परमपराक्रमी, धर्मपरायण, सर्वगुणसम्पन्न, अतीव दयानिधि श्री रामचन्द्र जी अपने पिता द्वारा की गई प्रतिज्ञा का पालन करने के लिये अपने छोटे भाई लक्ष्मण के साथ जो उतने ही वीर, पराक्रमी और भ्रातृभक्त हैं, चौदह वर्ष की वनवास की अवधि समाप्त करने के लिये अनेक वनों में भ्रमण करते हुये चित्रकूट में आकर निवास करने लगे। उनके साथ उनकी परमप्रिय पत्नी महाराज जनक की लाडली सीता जी भी थीं।

वनों में ऋषि-मुनियों को सताने वाले राक्षसों का उन्होंने सँहार किया। लक्ष्मण ने जब दुराचारिणी शूर्पणखा के नाक-कान काट लिये तो उसका प्रतिशोध लेने के लिये उसके भाई खर-दूषण उनसे युद्ध करने के लिये आये जिनको रामचन्द्र जी ने मार गिराया और उस जनस्थान को राक्षसविहीन कर दिया। जब लंकापति रावण को खर-दूषण की मृत्यु का समाचार मिला तो वह अपने मित्र मारीच को ले कर छल से जानकी का हरण करने के लिये पहुँचा।

मायावी मारीच ने एक स्वर्ण मृग का रूप धारण किया, जिसे देख कर जानकी जी मुग्ध हो गईं। उन्होंने राघवेन्द्र को प्रेरित कर के उस माया मृग को पकड़ कर या मार कर लाने के लिये भेजा। दुष्ट मारीच ने मरते-मरते राम के स्वर में हा सीते! हा लक्ष्मण! कहा था। जानकी जी भ्रम में पड़ गईं और लक्ष्मण को राम की सुधि लेने के लिये भेजा। लक्ष्मण के जाते ही रावण ने छल से सीता का अपहरण कर लिया। लौट कर राम ने जब सीता को न पाया तो वे वन-वन घूम कर सीता की खोज करने लगे। मार्ग में वानरराज सुग्रीव से उनकी मित्रता हुई। सुग्रीव ने अपने लाखों वानरों को दसों दिशाओं में जानकी जी को खोजने के लिये भेजा. मुझे भी आपको खोजने का काम सौंपा गया। मैं चार सौ कोस चौड़े सागर को पार कर के यहाँ पहुँचा हूँ। श्री रामचन्द्र जी ने जानकी जी के रूप-रंग, आकृति, गुणों आदि का जैसे वर्णन किया था, उस शुभ गुणों वाली देवी को आज मैंने देख लिया है। इतना कह कर हनुमान चुप हो गये।

उनकी बातें सुनकर जनकनन्दिनी सीता को विस्मययुक्त प्रसन्नता हुई। जब उन्होंने ऊपर-नीचे तथा इधर-उधर दृष्टिपात किया तो शाखा के भीतर छिपे हुए, विद्युतपुञ्ज के सामन अत्यन्त पिंगल वर्ण वाले श्वेत वस्त्रधारी हनुमान जी पर उनकी दृष्टि पड़ी। स्वयं पर सीता जी की दृष्टि पड़ते देख कर मूँगे के समान लाल मुख वाले महातेजस्वी पवनकुमार उस अशोक वृक्ष से नीचे उतर आये। माथे पर अञ्जलि बाँध सीता जी निकट आकर उन्होंने विनीतभाव से दीनतापूर्वक प्रणाम किया और मधुर वाणी में कहा, हे देवि! आप कौन हैं? आपका कोमल शरीर सुन्दर वस्त्राभूषणों से सुसज्जित होने योग्य होते हुये भी आप इस प्रकार का नीरस जीवन व्यतीत कर रही हैं। आपके अश्रु भरे नेत्रों से ज्ञात होता है कि आप अत्यन्त दुःखी हैं।

आपको देख कर ऐसा प्रतीत होता है किस आप आकाशमण्डल से गिरी हुई रोहिणी हैं। आपके शोक का क्या कारण है? कहीं आपका कोई प्रियजन स्वर्ग तो नहीं सिधार गया? कहीं आप जनकनन्दिनी सीता तो नहीं हैं जिन्हें लंकापति रावण जनस्थान से चुरा लाया है? जिस प्रकार आप बार-बार ठण्डी साँसें लेकर हा राम! हा राम! पुकारती हैं, उससे ऐसा अनुमान लगता है कि आप विदेहकुमारी जानकी ही हैं। यदि आप सीता जी ही हैं तो आपका कल्याण हो। आप मुझे सही-सही बताइये, क्या मेरा यह अनुमान सही है?

हनुमान का प्रश्न सुन कर सीता बोली, हे वानरराज! तुम्हारा अनुमान अक्षरशः सही है। मैं जनकपुरी के महाराज जनक की पुत्री, अयोध्या के चक्रवर्ती महाराज दशरथ की पुत्रवधू

तथा परमतेजस्वी धर्मात्मा श्री रामचन्द्र जी की पत्नी हूँ। जब श्री रामचन्द्र जी अपने पिता की आज्ञा से वन में निवास करने के लिये आये तो मैं भी उनके साथ वन में आ गई थी। वन से ही यह दुष्ट पापी रावण छलपूर्वक मेरा अपहरण करके मुझे यहाँ ले आया। वह मुझे निरन्तर यातनाएँ दे रहा है। आज भी वह मुझे दो मास की अवधि देकर गया है। यदि दो मास के अन्दर मेरे स्वामी ने मेरा उद्धार नहीं किया तो मैं अवश्य प्राण त्याग दूँगी। यही मेरे शोक का कारण है। अब तुम मुझे कुछ अपने विषय में बताओ।

• हनुमान का सीता को मुद्रिका देना - सुन्दरकाण्ड

सीता के वचन सुनकर वानरशिरोमणि हनुमान जी ने उन्हें सान्त्वना देते हुए कहा, देवि! मैं श्री रामचन्द्र का दूत हनुमान हूँ और आपके लिये सन्देश लेकर आया हूँ। विदेहनन्दिनी! श्री रामचन्द्र और लक्ष्मण सकुशल हैं और उन्होंने आपका कुशल-समाचार पूछा है। रामचन्द्र जी केवल आपके वियोग में दुःखी और शोकाकुल रहते हैं। उन्होंने मेरे द्वारा आपके पास अपना कुशल समाचार भेजा है और तेजस्वी लक्ष्मण जी ने आपके चरणों में अपना अभिवादन कहलाया है।

पुरुषसिंह श्री राम और लक्ष्मण का समाचार सुनकर देवी सीता के सम्पूर्ण अंगों में हर्षजनित रोमाञ्च हो आया और उनका मुझाया हुआ हृदयकमल खिल उठा। विषादग्रस्त मुखमण्डल पर आशा की किरणें प्रदीप्त होने लगीं। इस अप्रत्याशित सुखद समाचार ने उनके मृतप्राय शरीर में नवजीवन का संचार किया। तभी अकस्मात् सीता को ध्यान आया कि राम दूत कहने वाला यह वानर कहीं स्वयं मायावी रावण ही न हो।

यह सोच कर वह वृक्ष की शाखा छोड़ कर पृथ्वी पर चुपचाप बैठ गईं और बोली, हे मायावी! तुम स्वयं रावण हो और मुझे छलने के लिये आये हो। इस प्रकार के छल प्रपंच तुम्हें शोभा नहीं देते और न उस रावण के लिये ही ऐसा करना उचित है। और यदि तुम स्वयं रावण हो तो तुम्हारे जैसे विद्वान, शास्त्रज्ञ पण्डित के लिये तो यह कदापि शोभा नहीं देता। एक बार सन्यासी के भेष में मेरा अपहरण किया, अब एक वानर के भेष में मेरे मन का भेद जानने के लिये आये हो। धिक्कार है तुम पर और तुम्हारे पाण्डित्य पर! यह कहते हुये सीता शोकमग्न होकर जोर-जोर से विलाप करने लगी।

सीता को अपने ऊपर सन्देह करते देख हनुमान को बहुत दुःख हुआ। वे बोले, देवि! आपको भ्रम हुआ है। मैं रावण या उसका गुप्तचर नहीं हूँ। मैं वास्तव में आपके प्राणेश्वर राघवेन्द्र का भेजा हुआ दूत हूँ। अपने मन से सब प्रकार के संशयों का निवारण करें और विश्वास करें कि मुझसे आपके विषय में सूचना पाकर श्री रामचन्द्र जी अवश्य दुरात्मा रावण का विनाश करके आपको इस कष्ट से मुक्ति दिलायेंगे। वह दिन दूर नहीं है जब रावण को अपने कुकर्मों का दण्ड मिलेगा और लक्ष्मण के तीक्ष्ण बाणों से लंकापुरी जल कर भस्मीभूत हो जायेगी। मैं वास्तव में श्री राम का दूत हूँ। वे वन-वन में आपके वियोग में दुःखी होकर

आपको खोजते फिर रहे हैं। मैं फिर कहता हूँ कि भरत के भ्राता श्री रामचन्द्र जी ने आपके पास अपना कुशल समाचार भेजा है और शत्रुघ्न के सहोदर भ्राता लक्ष्मण ने आपको अभिवादन कहलवाया है।

हम सबके लिये यह बड़े आनन्द और सन्तोष की बात है कि राक्षसराज के फंदे में फँस कर भी आप जीवित हैं। अब वह दिन दूर नहीं है जब आप पराक्रमी राम और लक्ष्मण को सुग्रीव की असंख्य वानर सेना के साथ लंकापुरी में देखेंगीं। वानरों के स्वामी सुग्रीव रामचन्द्र जी के परम मित्र हैं। मैं उन्हीं सुग्रीव का मन्त्री हनुमान हूँ, न कि रावण या उसका गुप्तचर, जैसा कि आप मुझे समझ रही हैं। जब रावण आपका हरण करके ला रहा था, उस समय जो वस्त्राभूषण आपने हमें देख कर फेंके थे, वे मैंने ही सँभाल कर रखे थे और मैंने ही उन्हें राघव को दिये थे। उन्हें देख कर रामचन्द्र जी वेदना से व्याकुल होकर विलाप करने लगे थे। अब भी वे आपके बिन वन में उदास और उन्मत्त होकर घूमते रहते हैं। मैं उनके दुःख का वर्णन नहीं कर सकता।

हनुमान के इस विस्तृत कथन को सुन कर जानकी का सन्देह कुछ दूर हुआ, परन्तु अब भी वह उन पर पूर्णतया विश्वास नहीं कर पा रही थीं। वे बोलीं, हनुमान! तुम्हारी बात सुनकर एक मन कहता है कि तुम सच कह रहे हो, मुझे तुम्हारी बात पर विश्वास कर लेना चाहिये। परन्तु मायावी रावण के छल-प्रपंच को देख कर मैं पूर्णतया आश्वस्त नहीं हो पा रही हूँ।

क्या किसी प्रकार तुम मेरे इस सन्देह को दूर कर सकते हो? सीता जी के तर्कपूर्ण वचनों को सुन कर हनुमान ने कहा, हे महाभागे! इस मायावी कपटपूर्ण वातावरण में रहते हुये आपका गृदय शंकालु हो गया है, इसके लिये मैं आपको दोष नहीं दे सकता; परन्तु आपको यह विश्वास दिलाने के लिये कि मैं वास्तव में श्री रामचन्द्र जी का दूत हूँ आपको एक अकाट्य प्रमाण देता हूँ। रघुनाथ जी भी यह समझते थे कि सम्भव है कि आप मुझ पर विश्वास न करें, उन्होंने अपनी यह मुद्रिका दी है। इसे आप अवश्य पहचान लेंगी। यह कह कर हनुमान ने रामचन्द्र जी की वह मुद्रिका सीता को दे दी जिस पर राम का नाम अंकित था।

• हनुमान का सीता को धैर्य बँधाना - सुन्दरकाण्ड

पति के हाथ को सुशोभित करने वाली उस मुद्रिका को लेकर सीता जी उसे ध्यानपूर्वक देखने लगीं। उसे देखकर जानकी जी को इतनी प्रसन्नता हुई मानो स्वयं उनके पतिदेव ही उन्हें मिल गये हों। उनका लाल, सफेद और विशाल नेत्रों से युक्त मनोहर मुख हर्ष से खिल उठा, मानो चन्द्रमा राहु के ग्रण से मुक्त हो गया हो। पूर्णरूप से सन्तुष्ट हो कर वे हनुमान के साहसपूर्ण कार्य की सराहना करती हुई बोलीं, हे वानरश्रेष्ठ! तुम वास्तव में अत्यन्त चतुर, साहसी तथा पराक्रमी हो। जो कार्य सहस्त्रों मेधावी व्यक्ति मिल कर नहीं कर सकते, उसे तुमने अकेले कर दिखाया।

तुमने दोनों रघुवंशी भ्राताओं का कुशल समाचार सुना कर मुझ मृतप्राय को नवजीवन प्रदान किया है। हे पवनसुत! मैं समझती हूँ कि अभी मेरे दुःखों का अन्त होने में समय लगेगा। अन्यथा ऐसा क्या कारण है कि विश्वविजय का सामर्थ्य रखने वाले वे दोनों भ्राता अभी तक रावण को मारने में सफल नहीं हुये। कहीं ऐसा तो नहीं है कि दूर रहने के कारण राघवेन्द्र का मेरे प्रति प्रेम कम हो गया हो? अच्छा, यह बताओ क्या कभी अयोध्या से तीनों माताओं और मेरे दोनों देवरों का कुशल समाचार उन्हें प्राप्त होता है? क्या तेजस्वी भरत रावण का नाश करके मुझे छुड़ाने के लिये अयोध्या से सेना भेजेंगे? क्या मैं कभी अपनी आँखों से दुरात्मा रावण को राघव के बाणों से मरता देख सकूँगी? हे वीर! अयोध्या से वन के लिये चलते समय रामचन्द्र जी के मुख पर जो अटल आत्मविश्वास तथा धैर्य था, क्या अब भी वह वैसा ही है?

सीता के इन प्रश्नों को सुन कर हनुमान बोले, हे देवि! जब रघुनाथ जी को आपकी दशा की सूचना मुझसे प्राप्त होगी, तब वे बिना समय नष्ट किये वानरों और रिक्षों की विशाल सेना को लेकर लंकापति रावण पर आक्रमण करके उसकी इस स्वर्णपुरी को धूल में मिला देंगे और आपको इस बंधन से मुक्त करा के ले जायेंगे। आर्ये! आजकल वे आपके ध्यान में इतने निमग्न रहते हैं कि उन्हें अपने तन-बदन की भी सुधि नहीं रहती, खाना पीना तक भूल जाते हैं। उनके मुख से दिन रात हा सीते! शब्द ही सुनाई देते हैं। आपके वियोग में वे रात को भी नहीं सो पाते। यदि कभी नींद आ भी जाय तो हा सीते! कहकर नींद में चौंक पड़ते हैं और इधर-उधर आपकी खोज करने लगते हैं। उनकी यह दशा हम लोगों से देखी नहीं जाती। हम उन्हें धैर्य बँधाने का प्रयास करते हैं, किन्तु हमें सफलता नहीं मिलती। उनकी पीड़ा बढ़ती जाती है।

अपने प्राणनाथ की दशा का यह करुण वर्णन सुनकर जानकी के नेत्रों से अविरल अश्रुधारा बह चली। वे बोलीं, हनुमान! तुमने जो यह कहा है कि वे मेरे अतिरिक्त किसी अन्य का ध्यान नहीं करते इससे तो मेरे स्त्री-हृदय को अपार शान्ति प्राप्त हुई है, किन्तु मेरे वियोग में तुमने उनकी जिस करुण दशा का चित्रण किया है, वह मुझे विषमिश्रित अमृत के समान लगा है और उससे मेरे हृदय को प्राणान्तक पीड़ा पहुँची है। वानरशिरोमणि! दैव के विधान को रोकना प्राणियों के वश की बात नहीं है। यह सब विधाता का विधान है जिसने हम दोनों को एक दूसरे के विरह में तड़पने के लिये छोड़ दिया है।

न जाने वह दिन कब आयेगा जब वे रावण का वध करके मुझ दुखिया को दर्शन देंगे? उनके वियोग में तड़पते हुये मुझे दस मास व्यतीत हो चुके हैं। यदि दो मास के अन्दर उन्होंने मेरा उद्धार नहीं किया तो दुष्ट रावण मुझे मृत्यु के घाट उतार देगा। वह बड़ा कामी तथा अत्याचारी है। वह वासना में इतना अंधा हो रहा है कि वह किसी की अच्छी सलाह मानने को तैयार नही होता। उसी के भाई विभीषण की पुत्री कला मुझे बता रही थी किस उसके पिता विभीषण ने रावण से अनेक बार अनुग्रह किया कि वह मुझे वापस मेरे पति के पास पहुँचा दे, परन्तु उसने उसकी एक न मानी। वह अब भी अपनी हठ पर अड़ा हुआ है। मुझे

अब केवल राघव के पराक्रम पर ही विश्वास है, जिन्होंने अकेले ही खर-दूषण को उनके चौदह सहस्त्र युद्धकुशल सेनानियों सहित मार डाला था। देखें, अब वह घड़ी कब आती है जिसकी मैं व्याकुलता से प्रतीक्षा कर रही हूँ। यह कहते युये सीता अपने नेत्रों से आँसू बहाने लगी।

सीता को विलापयुक्त वचन को सुनकर हनुमान ने उन्हें धैर्य बँधाते हुये कहा, देवि! आप दुःखी न हों। मैं आपको विश्वास दिलाता हूँ कि मेरे पहुँचते ही प्रभु वानर सेना सहित लंका पर आक्रमण करके दुष्ट रावण का वध कर आपको मुक्त करा देंगे। मुझे तो यह लंकापति कोई असाधारण बलवान दिखाई नहीं देता।

यदि आप आज्ञा दें तो मैं अभी इसी समय आपको अपनी पीठ पर बिठा कर लंका के परकोटे को फाँद कर विशाल सागर को लाँघता हुआ श्री रामचन्द्र जी के पास पहुँचा दूँ। मैं चाहूँ तो इस सम्पूर्ण लंकापुरी को रावण तथा राक्षसों सहित उठा कर राघव के चरणों में ले जाकर पटक दूँ। इनमें से किसी भी राक्षस में इतनी सामर्थ्य नहीं है कि वह मेरे मार्ग में बाधा बन कर खड़ा हो सके।

• हनुमान का विशाल रूप - सुन्दरकाण्ड

वानरश्रेष्ठ हनुमान के मुख से यह अद्भुत वचन सुनकर सीता जी ने विस्मयपूर्वक कहा, वानरयूथपति हनुमान! तुम्हारा शरीर तो छोटा है तुम इतनी दूरी वाले मार्ग पर मुझे कैसे ले जा सकोगे? तुम्हारे इस दुःसाहस को मैं वानरोचित चपलता ही समझती हूँ।

सीता का अपने प्रति अविश्वास हनुमान को अपना तिरस्कार सा लगा। फिर उन्होंने सोचा कि मेरी शक्ति और सामर्थ्य से अपरिचित होने के कारण ही ये ऐसा कह रही हैं अतः इन्हें यह दिखा देना ही उचित होगा कि मैं अपनी इच्छानुरूप रूप धारण कर सकता हूँ। ऐसा सोचकर वे बुद्धिमान कपिवर उस वृक्ष से नीचे कूद पड़े और सीता जी को विश्वास दिलाने के लिये बढ़ने लगे। क्षणमात्र में उनका शरीर मेरु पर्वत के समान ऊँचा हो गया। वे प्रज्वलित अग्नि के समान तेजस्वी प्रतीत होने लगे। तत्पश्चात् पर्वत के समान विशालकाय, तामे के समान लाल मुख तथा वज्र के समान दाढ़ और नख वाले भयानक महाबली वानरवीर हनुमान विदेहनन्दिनी से बोले, देवि! मुझमें पर्वत, वन, अट्टालिका, चहारदीवारी और नगरद्वार सहित इस लंकापुरी को रावण के साथ ही उठा ले जाने की शक्ति है। अतः हे विदेहनन्दिनी! आपकी आशंका व्यर्थ है। देवि! आप मेरे साथ चलकर लक्ष्मण सहित श्री रघुनाथ जी का शोक दूर कीजिये।

हनुमान के आश्चर्यजनक रूप को विस्मय से देखती हुई सीता जी बोलीं, हे पवनसुत! तुम्हारी शक्ति और सामर्थ्य में अब मुझे किसी प्रकार की शंका नहीं रही है। तुम्हारी गति वायु के समान और तेज अग्नि के समान है। किन्तु मैं तुम्हारे प्रस्ताव को स्वीकार करने में असमर्थ हूँ। मैं अपनी इच्छा से अपने पति के अतिरिक्त किसी अन्य पुरुष के शरीर का स्पर्श नहीं कर सकती। मेरे जीवन में मेरे शरीर का स्पर्श केवल एक परपुरुष ने किया है और वह

दुष्ट रावण है जिसने मेरा हरण करते समय मुझे बलात् अपनी गोद में उठा लिया था। उसकी वेदना से मेरा शरीर आज तक जल रहा है। इसका प्रायश्चित तभी होगा जब राघव उस दुष्ट का वध करेंगे। इसी में मेरा प्रतिशोध और उनकी प्रतिष्ठा है।

जानकी के मुख से ऐसे युक्तियुक्त वचन सुन कर हनुमान का हृदय गद्-गद् हो गया। वे प्रसन्न होकर बोले, हे देवि! महान सती साध्वियों को शोभा देने वाले ऐसे शब्द आप जैसी परम पतिव्रता विदुषी ही कह सकती हैं। आपकी दशा का वर्णन मैं श्री रामचन्द्र जी से विस्तारपूर्वक करूँगा और उन्हें शीघ्र ही लंकापुरी पर आक्रमण करने के लिये प्रेरित करूँगा। अब आप मुझे कोई ऐसी निशानी दे दें जिसे मैं श्री रामचन्द्र जी को देकर आपके जीवित होने का विश्वास दिला सकूँ और उनके अधीर हृदय को धैर्य बँधा सकूँ।

हनुमान के कहने पर सीता जी ने अपना चूड़ामणि खोलकर उन्हें देते हुये कहा, यह चूड़ामणि तुम उन्हें दे देना। इसे देखते ही उन्हें मेरे साथ साथ मेरी माताजी और अयोध्यापति महाराज दशरथ का भी स्मरण हो आयेगा। वे इसे भली-भाँति पहचानते हैं। उन्हें मेरा कुशल समाचार देकर लक्ष्मण और वानरराज सुग्रीव को भी मेरी ओर से शुभकामनाएँ व्यक्त करना।

यहाँ मेरी जो दशा है और मेरे प्रति रावण तथा उसकी क्रूर दासियों का जो व्यवहार है, वह सब तुम अपनी आँखों से देख चुके हो, तुम समस्त विवरण रघुनाथ जी से कह देना। लक्ष्मण से कहना, मैंने तुम्हारे ऊपर अविश्वास करके जो तुम्हें अपने ज्येष्ठ भ्राता के पीछे कटुवचन कह कर भेजा था, उसका मुझे बहुत पश्चाताप है और आज मैं उसी मूर्खता का परिणाम भुगत रही हूँ। पवनसुत! और अधिक मैं क्या कहूँ, तुम स्वयं बुद्धिमान और चतुर हो। जैसा उचित प्रतीत हो वैसा कहना और करना।

जानकी के ऐसा कहने पर दोनों हाथ जोड़ कर हनुमान उनसे विदा लेकर चल दिये।

- हनुमान राक्षस युद्ध - सुन्दरकाण्ड

सीता से विदा ले कर जब हनुमान चले तो वे सोचने लगे कि जानकी का पता तो मैंने लगा लिया, उनको रामचन्द्र जी का संदेश देने के अतिरिक्त उनसे भी राघव के लिये संदेश प्राप्त कर लिया। अब शत्रु की शक्ति का भी ज्ञात कर लेना चाहिये। राक्षसों के प्रति साम, दान और भेद नीति अपनाने से लाभ होना नहीं है अतः मुझे यहाँ दण्ड नीति अपनाने के लिये अपने पराक्रम का प्रदर्शन करना ही उचित जान पड़ता है।

ऐसा सोच कर उन्होंने अशोकवाटिका को विध्वंस करने का विचार किया जो रावण अत्यन्त प्रिय थी। उन्होंने विचार किया जब वह अपनी प्रिय वाटिका को उजड़ने का समाचार सुनेगा तो अवश्य क्रुद्ध होकर अपने वीर सैनिकों को मुझे पकड़ने या मारने के लिये भेजेगा। यह विचार आते ही वे वाटिका के सुन्दर वृक्षों को तोड़ने तथा उखाड़ने, जलाशयों को मथने और पर्वत-शिखरों को चूर-चूर करने लगे। थोड़ी ही देर में वाटिका ऐसे जान पड़ने लगी मानो

वह दावानल से झुलस गई हो। सुन्दर सरोवरों के मणिमय स्फटिक घाटों टूटकर कर मलबे में परिवर्तित हो गये। वाटिका में बनी अट्टालिकाएँ भी उनके विध्वंसक हाथों से न बच सकीं। इस प्रकार उन्होंने अशोकवाटिका को शोकवाटिका बना दिया। सब पक्षी घोसलों से निकल कर आकाश में मँडराने लगे।

जो राक्षसियाँ रात भर सीता पर पहरा देते-देते सो गई थीं, वे भी अब इस शोर को सुन कर जाग गईं और उन्होंने चकित होकर अशोक वाटिका की दुर्दशा को देखा। वे दौड़ी हुई रावण के पास जाकर बोलीं, हे राजन्! अशोकवाटिका में एक भयंकर वानर घुस आया है। उसने सब वृक्षों को तोड़ कर तहस-नहस कर दिया है। सरोवर के घाटों तथा अट्टालिकाओं को भी तोड़ कर कूड़े का ढेर बना दिया है। जब हमने उसे भगाने का प्रयत्न किया तो वह हमारे ऊपर झपट पड़ा। बड़ी कठिनाई से हम प्राण बचा कर आपके पास तक पहुँच पाई हैं। उस दुष्ट वानर ने तो जानकी के साथ भी न जाने क्या वार्तालाप किया है। हमें उससे बहुत भय लगता है। कहीं वह सीता को भी जान से न मार डाले।

यह समाचार सुन कर रावण प्रज्वलित चिता की भाँति क्रोध से जल उठा। उसकी भृकुटि धनुष की भाँति तन गई। उसने तत्काल अपने अनुचरों को आज्ञा दी कि उस दुष्ट वानर को पकड़ कर मेरे पास लाओ। रावण की आज्ञा मिलते ही अस्सी हजार राक्षस नाना प्रकार के अस्त्र-शस्त्र और लोहे की श्रृंखला लेकर उस उत्पाती वानर को पकड़ने के लिये चल पड़े।

विचित्र गदाओं, परिधों आदि से युक्त वे वेगवान राक्षस अशोकवाटिका के द्वार पर खड़े हुए वानरवीर हनुमान जी पर चारों ओर से इस प्रकार झपटे मानो पतंगे आग पर टूट पड़े हों। तब पर्वत के समान विशाल शरीर वाले तेजस्वी हनुमान ने उच्च स्वर में घोषणा की, महाबली श्री राम तथअ लक्ष्मण की जय हो। श्री राम के द्वारा सुरक्षित राजा सुग्रीव की भी जय हो। मैं महापराक्रमी कोसलनरेश श्री रामचन्द्र जी का दास हूँ। मेरा नाम हनुमान है। मैं वायु का पुत्र शत्रुओं का संहार करने वाला हूँ। तुम मेरे पराक्रम का सामना नहीं कर सकते। मैं लंकापुरी को तहस-नहस कर डालूँगा।

राक्षसों ने उन्हें चारों ओर से घेर लिया और उन पर बर्छे, भाले तथा पत्थर फेंकने लगे। यह देख कर क्रुद्ध हो हनुमान ने कुछ की लातों-घूँसों से पिटाई की और कुछ को अपने नाखूनों तथा दाँतों से चीर डाला। बड़े-बड़े योद्धा इस मार की ताव न लाकर क्षत-विक्षत होकर भूमि पर गिर पड़े। जो अधिक साहसी थे, वे प्राणों का मोह त्याग कर हनुमान पर टूट पड़े। तभी उन्होंने एक छलाँग लगाई और तोरण द्वार से एक लोहे की छड़ निकाल ली।

फिर उस छड़ से उन्होंने वह मार काट मचाई कि बहुत से योद्धा तो वहीं खेत रहे और शेष प्राण बचा कर वहाँ से भाग कर रावण के पास पहुँचे। जब रावण ने इन राक्षसों की ऐसी दशा देखी तो उसका क्रोध और भड़क उठा। उसने प्रहस्त के पुत्र जम्बुवाली को बुला कर कहा, हे वीरश्रेष्ठ! तुम जा कर उस वानर को पकड़ कर ले आओ। यदि वह जीवित न पकड़ा जा सके तो उसे मार डालो। मुझे तुम्हारे बल पर पूरा विश्वास है कि तुम इस कार्य को भली-भाँति कर सकते हो।

रावण की आज्ञा पाकर जम्बुवाली अस्त्र-शस्त्रों से सुसज्जित हो गधों के रथ पर सवार हो हनुमान से युद्ध करने के लिये चला। जब उसने उन्हें तोरण द्वार पर बैठे देखा तो वह दूर से ही उन पर तीक्ष्ण बाण चलाने लगा। जब कुछ बाण पवनपुत्र के शरीर को छेदने लगे तो उन्होंने पास पड़ी हुई एक पाषाणशिला को उखाड़ कर जम्बुवाली की ओर निशाना साधकर फेंका। उस विशाल शिला को अपनी ओर आते देख उस वीर राक्षस ने फुर्ती से दस बाण छोड़कर उसको चूर-चूर कर डाला।

जब हनुमान ने उस शिला को इस प्रकार टूटते देखा तो उन्होंने तत्काल एक विशाल वृक्ष को उखाड़ कर राक्षसों पर आक्रमण किरना आरम्भ कर दिया जिससे बहुत से राक्षस मर कर और कुछ घायल होकर वहीं धराशायी हो गये। अपने सैनिकों को इस प्रकार मरते देख जम्बुवाली ने एक साथ चार बाण छोड़ कर उसका वृक्ष काट डाला और फिर कस बाण छोड़कर हनुमान को घायल कर दिया। जब हनुमान के शरीर से रक्तधारा प्रवाहित होने लगी तो उन्हें बहुत क्रोध आया और वे एक राक्षस से लोहे का मूसल छीन कर जम्बुवाली पर उससे धड़ाधड़ आक्रमण करने लगे जससे उसके घोड़े मर गये, रथ चकनाचूर हो गया और वह स्वयं भी निष्प्राण होकर पृथ्वी पर जा पड़ा।

• मेधनाद हनुमान युद्ध - सुन्दरकाण्ड

जम्बुवाली के वध का समाचार पाकर निशाचरराज रावण को बहुत क्रोध आया। उसने सात मन्त्रिपुत्रों को और पाँच बड़े-बड़े नायकों को बुला कर आज्ञा दी कि उस दुष्ट वानर को जीवित या मृत मेरे सम्मुख उपस्थित करो। राक्षसराज की आज्ञा पाते ही सातों मन्त्रिपुत्र और पाँच नायक नाना प्रकार के शस्त्रास्त्रों से सुसज्जित असंख्य राक्षस सुभटों की एक विशाल सेना लेकर हो अशोकवाटिका की ओर चल पड़े। इस शत्रु सेना को आते देख पवनपुत्र हनुमान ने किटकिटा कर बड़ी भयंकर गर्जना की। इस घनघोर गर्जन को सुनते ही अनेक सैनिक तो भय से ही मूर्छित हो पृथ्वी पर गिर पड़े।

अनेक के कानों के पर्दे फट गये। कुछ ने हनुमान का भयंकर रूप और मृत राक्षस वीरों से पटी भूमि को देखा तो उनका साहस छूट गया और वे मैदान से भाग खड़े हुये। अपनी सेना को इस प्रकार पलायन करते देख मन्त्रिपुत्रों ने हनुमान पर बाणों की बौछार आरम्भ कर दी। बाणों के आघात से बचने के लिये हनुमान आकाश में उड़ने और शत्रुओं को भ्रमित करने लगे। आकाश में उड़ते वानरवीर पर राक्षस सेनानायक ठीक से लक्ष्य नहीं साध पा रहे थे। इसके पश्चात् वे भयंकर गर्जना करते हुये राक्षस दल पर वज्र की भाँति टूट पड़े। कुछ को उन्होंने वृक्षों से मार-मार कर धराशायी किया और कुछ को लात-घूँसों, तीक्ष्ण नखों तथा दाँतों से क्षत-विक्षत कर डाला।

इस प्रकार उन्होंने जब सात मन्त्रिपुत्रों को यमलोक पहुँचा दिया तो विरूपाक्ष, यूपाक्ष, दुर्धर्ष, प्रघर्स और भासकर्ण नामक पाँचों नायक तीक्ष्ण बाणों से हनुमान पर आक्रमण करने

लगे। जब दुर्धर्ष ने एक साथ पाँच विषैले बाण छोड़ कर उनके मस्तक को घायल कर दिया तो वे भयंकर गर्जना करते हुये आकाश में उड़े।

दुर्धर्ष भी उनका अनुसरण करता हुआ आकाश में उड़ा और वहीं से उन पर बाणों की वर्षा करने लगा। यह देख कर दाँत किटकिटाते हुये पवनपुत्र दुर्धर्ष के ऊपर कूद पड़े। इस अप्रत्याशित आघात को न सह पाने के कारण वह तीव्र वेग से पृथ्वी पर गिरा, उसका सिर फट गया और वह मर गया। दुर्धर्ष को इस प्रकार मार कर हनुमान ने एक साखू का वृक्ष उखाड़ कर ऐसी भयंकर मार-काट मचाई कि वे चारों नायक भी अपनी सेनाओं सहित धराशायी हो गये। कुछ राक्षस अपने प्राण बचा कर बेतहाशा दौड़ते हुये रावण के दरबार में पहुँच गये और वहाँ जाकर उसे सब योद्धाओं के मारे जाने का समाचार दिया।

जब रावण ने एक अकेले वानर के द्वारा इतने पराक्रमी नायकों तथा विशाल सेना के विनाश का समाचार सुना तो उसे बड़ा आश्चर्य और क्रोध हुआ। उसने अपने वीर पुत्र अक्षयकुमार को एक विशाल सेना के साथ अशोकवाटिका में भेजा। अक्षयकुमार ने हनुमान को दूर से देखते ही उन पर आक्रमण कर दिया। अवसर पाकर जब अंजनिपुत्र ने उसके समस्त अस्त्र-शस्त्रों को छीन कर तोड़ डाला तो अक्षयकुमार उनसे मल्लयुद्ध करने के लिये भिड़ गया। परन्तु वह हनुमान से पार न पा सका। हनुमान ने उसे पृथ्वी पर से इस प्रकार उठा लिया जिस प्रकार गरुड़ सर्प को उठा लेता है। फिर दोनों हाथों से बल लगा कर मसल डाला जिससे उसकी हड्डियाँ-पसलियाँ टूट गईं और वह चीत्कार करता हुआ यमलोक चला गया।

जब रावण ने अपने प्यारे पुत्र अक्षयकुमार की मृत्यु का समाचार सुना तो उसे बहुत दुःख हुआ। उसके क्रोध का अन्त न रहा। उसने अत्यन्त कुपित होकर अपने परमपराक्रमी पुत्र मेघनाद को बुला कर कहा, हे मेघनाद! तुमने घोर तपस्या करके ब्रह्मा से जो अमोघ अस्त्र प्राप्त किये हैं, उनके उपयोग का समय आ गया है। जाकर उस वानर को मृत्यु-दण्ड दो, जिसने तुम्हारे वीर भाई और बहुत से राक्षस योद्धाओं का वध किया है। पिता की आज्ञा पाकर परम पराक्रमी मेघनाद भयंकर गर्जना करता हुआ हनुमान से युद्ध करने के लिये चला।

जब तोरण द्वार पर बैठे हुये हनुमान ने रथ पर सवार होकर मेघनाद को अपनी ओर आते देखा तो उन्होंने भयंकर गर्जना से उसका स्वागत किया। इससे चिढ़ कर मेघनाद ने स्वर्णपंखयुक्त तथा वज्र के सदृश वेग वाले बाणों की उन पर वर्षा कर दी। इस बाण-वर्षा से बचने के लिये हनुमान पुनः आकाश में उड़ गये और पैंतरे बदल-बदल कर उसके लक्ष्य को व्यर्थ करने लगे। जब मेघनाद के सारे अमोघ अस्त्र लक्ष्य भ्रष्ट होकर व्यर्थ जाने लगे तो वह भारी चिन्ता में पड़ गया। फिर कुछ सोच कर उसने विपक्षी को बाँधने वाला ब्रह्मास्त्र छोड़ा और उससे हनुमान को बाँध लिया। फिर उन्हें घसीटता हुआ रावण के दरबार में पहुँचा।

• रावण के दरबार में - सुन्दरकाण्ड

हनुमान रावण के भव्य दरबार को विश्लेषणात्मक दृष्टि से देखने लगे। रावण का ऐश्वर्य अद्भुत था। वे सोचने लगे, अद्भुत रूप और आश्चर्यजनक तेज का स्वामी राजोचित लक्षणों से युक्त में यदि प्रबल अधर्म न होता तो यह राक्षसराज इन्द्रसहित सम्पूर्ण देवलोक का संरक्षक हो सकता था। इसके लोकनिन्दित क्रूरतापूर्ण निष्ठुर कर्मों के कारण देवताओं और दानवों सहित सम्पूर्ण लोक इससे भयभीत रहते हैं।

समस्त लोकों को रुलाने वाला महाबाहु रावण भूरी आँखोंवाले हनुमान को समक्ष इस प्रकार निर्भय खड़ा देखकर रोष से भर गया और क्रुद्ध होकर अपने महामन्त्री प्रहस्त से बोला, अमात्य! इस दुरात्मा से पूछो कि यह कहाँ से आया है? इसे किसने भेजा है? सीता से यह क्यों वार्तालाप कर रहा था? अशोकवाटिका को इसने क्यों नष्ट किया? इसने किस उद्देश्य से राक्षसों को मारा? मेरी इस दुर्जेय पुरी में इसके आगमन का प्रयोजन क्या है?

रावण की आज्ञा पाकर प्रहस्त ने कहा, हे वानर! भयभीत मत होओ और धैर्य धारण करो। सही सही बता दो कि तुम्हें किसने यहाँ भेजा है? महाराज रावण की नगरी में कहीं तुम्हें इन्द्र ने तो नहीं भेजा है? कहीं तुम कुबेर, यह या वरुण के दूत तो नहीं हो? या विजय की अभिलाषा रखने वाले विष्णु ने तुम्हें दूत बना कर भेजा है? यदि तुम हमें सच सच बता दो कि तुम कौन हो तो हम तुम्हें क्षमा कर सकते हैं। यदि तुम मिथ्या भाषण करोगे तो तुम्हारा जीना असम्भव हो जायेगा।

प्रहस्त के इस प्रकार पूछने पर पवनपुत्र हनुमान ने निर्भय होकर राक्षसों के स्वामी रावण से कहा, हे राक्षसराज! मैं इन्द्र, यम, वरुण या कुबेर का दूत नहीं हूँ। न ही मुझे विष्णु ने यहाँ भेजा है। मैं राक्षसराज रावण से मिलने के उद्देश्य से यहाँ आया हूँ और इसी उद्देश्य के लिये मैंने अशोकवाटिका को नष्ट किया है। तुम्हरे बलवान राक्षस युद्ध की इच्छा से मेरे पास आये तो मैंने स्वरक्षा के लिये रणभूमि में उनका सामना किया। ब्रह्मा जी से मुझे वरदान प्राप्त है कि देवता और असुर कोई भी मुझे अस्त्र अथवा पाश से बाँध नहीं सकते। राक्षसराज के दर्शन के लिये ही मैंने अस्त्र से बँधना स्वीकार किया है। यद्यपि इस समय मैं अस्त्र से मुक्त हूँ तथापि इन राक्षसों ने मुझे बँधा समझकर ही यहाँ लाकर तुम्हें सौंपा है। मैं श्री रामचन्द्र जी का दूत हूँ और उनके ही कार्य से यहाँ आया हूँ।

शान्तभाव से हनुमान ने आगे कहा, मैं किष्किन्धा के परम पराक्रमी नरेश सुग्रीव का दूत हूँ। उन्हीं की आज्ञा से तुम्हारे पास आया हूँ। हमारे महाराज ने तुम्हारा कुशल समाचार पूछा है और कहा है कि तुमने नीतिवान, धर्म, चारों वेदों के ज्ञाता, महापण्डीत, तपस्वी और महान ऐश्वर्यवान होते हुए भी एक परस्त्री को हठात् अपने यहाँ रोक रखा है, यह तुम्हारे लिये उचित बात नहीं है। तुमने यह दुष्कर्म करके अपनी मृत्यु का आह्वान किया है। उन्होंने यह भी कहा है कि लक्ष्मण के कराल बाणों के सम्मुख बड़े से बड़ा पराक्रमी भी नहीं ठहर सकता, फिर तुम उससे अपने प्राणों की रक्षा कैसे कर सकोगे? इसलिये तुम्हारे लिये उचित होगा कि तुम सीता को श्री रामचन्द्र को लौटा दो और उनसे क्षमा माँगो। यदि तुम ऐसा नहीं करोगे तो तुम्हारा अन्त भी वही होगा जो खर, दूषण और वालि का हुआ है।

हनुमान के ये नीतियुक्त वचन सुनकर रावण का सर्वांग क्रोध से जल उठा। उसने अपने सेवकों को आज्ञा दी, इस वानर का वध कर डालो। रावण की आज्ञा सुनकर वहाँ उपस्थित विभीषण ने कहा, राक्षसराज! आप धर्म के ज्ञाता और राजधर्म के विशेषज्ञ हैं। दूत के वध से आपके पाण्डित्य पर कलंक लग जायेगा। अतः उचित-अनुचित का विचार करके दूत के योग्य किसी अन्य दण्ड का विधान कीजिये।

विभीषण के वचन सुनकर रावण ने कहा, शत्रुसूदन! पापियों का वध करने में पाप नहीं है। इस वानर ने वाटिका का विध्वंस तथा राक्षसों का वध करके पाप किया है। अतः मैं अवश्य ही इसका वध करूँगा। रावण के वचन सुनकर उसके भाई विभीषण ने विनीत स्वर में कहा, हे लंकापति! जब यह वानर स्वयं को दूत बताता है तो नीति तथा धर्म के अनुसार इसका वध करना अनुचित होगा क्योंकि दूत दूसरों का दिया हुआ सन्देश सुनाता है। वह जो कुछ कहता है, वह उसकी अपनी बात नहीं होती, इसलिये वह अवध्य होता है।

विभीषण की बात पर विचार करने के पश्चात् रावण ने कहा, तुम्हारा यह कथन सत्य है कि दूत अवध्य होता है, परन्तु इसने अशोकवाटिका का विध्वंस किया है इसलिये इसे दण्ड मिलना चाहिये। वानरों को अपनी पूँछ बहुत प्यारी होती है। अतः मैं आज्ञा देता हूँ कि इसकी पूँछ रुई और तेल लगाकर जला दी जाये ताकि इसे बिना पूँछ का देखकर लोग इसकी हँसी उड़ायें और यह जीवन भर अपने कर्मों पर पछताता रहे।

रावण की आज्ञा पाते ही राक्षसों ने हनुमान की पूँछ को रुई और पुराने कपड़ों से लपेटकर उस पर बहुत सा तेल डालकर आग लगा दी। अपने पूँछ को जलते देख हनुमान को बहुत क्रोध आया। सबसे पहले तो उन्होंने रुई लपेटने और आग लगाने वाले राक्षसों को जलती पूँछ से मार मार कर पृथ्वी पर सुला दिया। वे जलते-चीखते-चिल्लाते वहाँ से अपने प्राण लेकर भागे। कुछ राक्षस उनका अपमान करने के लिये उन्हें बाजारों में घुमाने के लिये ले चले। उस दृश्य को देखने के लिये बाजारों में राक्षसों की और घरों के छज्जों तथा खिड़कियों पर स्त्रियों की भीड़ जमा हो गई। मूर्ख राक्षस उन्हें अपमानित करने के लिये उन पर कंकड़ पत्थर फेंकने तथा अपशब्द कहने लगे। इस अपमान से क्रुद्ध होकर स्वाभिमानी पवनसुत एक ही झटके से सारे बन्धनों को तोड़कर नगर के ऊँचे फाटक पर चढ़ गये और लोहे का एक बड़ा सा चक्का उठाकर अपमान करने वाले राक्षसों पर टूट पड़े। इससे चारों ओर भगदड़ मच गई।

• लंका दहन - सुन्दरकाण्ड

राक्षसों की भीड़ भयभीत होकर भाग गई। हनुमान जी के समस्त मनोरथ पूर्ण हो गये थे। वे विचार करने लगे कि मैंने अशोकवाटिका को नष्ट कर दिया, बड़े-बड़े राक्षसों का भी मैंने वध कर डाला और रावण की काफी बड़ी सेना का सँहार भी कर दिया। तो फिर लंका के इस दुर्ग को भी क्यों न ध्वस्त कर दूँ। ऐसा करने से समुद्र-लंघन का मेरा परिश्रम पूर्णतः सफल हो जायेगा। मेरी पूँछ में जो ये अग्निदेव देदीप्यमान हो रहे हैं, इन्हें इन श्रेष्ठ गृहों की आहुत

देकर तृप्त करना ही न्यायसंगत जान पड़ता है।

ऐसा सोचकर वे जलती हुई पूँछ के साथ लंका की ऊँची-ऊँची अट्टालिकाओं पर चढ़ गये और विचरण करने लगे। घूमते-घूमते वायु के समान बलवान और महान वेगशाली हनुमान उछलकर प्रहस्त के महल पर जा पहुँचे और उसमें आग लगा कर महापार्श्व के घर पर कूद गये तथा उसमें भी कालाग्नि की ज्वाला को फैला दिया। तत्पश्चात महातेजस्वी महाकपि ने क्रमशः वज्रदंष्ट्र, शुक, सारण, मेघनाद, जम्बुवाली, सुमाली, शोणिताक्ष, कुम्भकर्ण, नरान्तक, यज्ञ-शत्रु, ब्रह्मशत्रु आदि प्रमुख राक्षसों के भवनों को अग्नि की भेंट चढ़ा दिया। इनसे निवृत होकर वे स्वयं रावण के प्रासाद पर कूद पड़े। उसके प्रमुख भवन को जलाने के पश्चात् वे बड़े उच्च स्वर से गर्जना करने लगे।

उसी समय प्रलयंकर आँधी चल पड़ी जिसने आग की लपटों को दूर-दूर तक फैला कर भवनों के अधजले भागों को भी जला डाला। लंका की इस भयंकर दुर्दशा से सारे नगर में हृदय-विदारक हाहाकार मच गया। बड़ी-बड़ी अट्टालिकाए भारी विस्फोट करती हुई धराशायी होने लगीं। स्वर्ण निर्मित लंकापुरी के जल जाने से उसका स्वर्ण पिघल-पिघल कर सड़कों पर बहने लगा। सहस्त्रों राक्षस और उनकी पत्नियाँ हाहाकार करती हुई इधर-उधर दौड़ने लगीं। आकाशमण्डल अग्नि के प्रकाश से जगमगा उठा। उसमें रक्त एवं कृष्णवर्ण धुआँ भर गया जिसमें से फुलझड़ियों की भाँति चिनगारियाँ छूटने लगीं। इस भयंकर ज्वाला में सहस्त्रों राक्षस जल गये और उनके जले-अधजले शरीरों से भयंकर दुर्गन्ध फैलने लगी। सम्पूर्ण लंकापुरी में केवल एक भवन ऐसा था जो अग्नि के प्रकोप से सुरक्षित था और वह था नीतिवान विभीषण का प्रासाद।

लंका को भस्मीभूत करने के पश्चात् वे पुनः अशोकवाटिका में सीता के पास पहुँचे। उन्हें सादर प्रणाम करके बोले, हे माता! अब मैं यहाँ से श्री रामचन्द्र जी के पास लौट रहा हूँ। रावण को और लंकावासियों को मैंने राघव की शक्ति का थोड़ा सा आभास करा दिया है। अब आप निर्भय होकर रहें। अब शीघ्र ही रामचन्द्र जी वानर सेना के साथ लंका पर आक्रमण करेंगे और रावण को मार कर आपको अपने साथ ले जायेंगे। अब मुझे आज्ञा दें ताकि मैं लौट कर आपका शुभ संदेश श्री रामचन्द्र जी को सुनाऊँ जिससे वे आपको छुड़ाने की व्यवस्था करें। यह कह कर और सीता जी को धैर्य बँधाकर हनुमान अपने कटक की ओर चल पड़े।

जनकनन्दिनी से विदा लेकर तीव्रवेग से विशाल सागर को पार करते हुये हनुमान वापस सागर के उस तट पर पहुँचे जहाँ असंख्य वानर जाम्बवन्त के और अंगद के साथ उनकी प्रतीक्षा में आँखें बिछाये बैठे थे। अपने साथियों को देख कर हनुमान ने आकाश में ही भयंकर गर्जना की जिसे सुन कर जाम्बवन्त ने प्रसन्नतापूर्वक कहा, मित्रों! हनुमान की इस गर्जना से प्रतीत होता है कि वे अपने उद्देश्य में सफल होकर लौटे हैं। इसलिये हमें खड़े होकर हर्षध्वनि के साथ उनका स्वागत करना चाहिये। उन्होंने हमें यह सौभाग्य प्रदान किया है कि हम लौट कर रामचन्द्र जी और वानरराज सुग्रीव को अपना मुख दिखा सकें। इतने में ही हनुमान ने वहाँ पहुँच कर सबका अभिवादन किया और लंका का समाचार कह सुनाया।

जब सब वानरों ने सीता से हुई भेंट का समाचार सुना तो उनके हृदय प्रसन्नता से भर उठा और वे श्री रामचन्द्र तथा पवनसुत की जयजयकार से वातावरण को गुँजायमान लगे। इसके पश्चात् वे लोग हनुमान को आगे करके सुग्रीव के निवास स्थान प्रस्रवण पर्वत की ओर चले। मार्ग में वे मधुवन नामक वाटिका में पहुँचे जिसकी रक्षा का भार सुग्रीव के मामा दधिमुख पर था। इस वाटिका के फल अत्यन्त स्वादिष्ट थे और उनका उपयोग केवल राजपरिवार के लिये सीमित था। अंगद ने सब वानरों को आज्ञा दी कि वे जी भर कर इन स्वादिष्ट फलों का उपयोग करें। आज्ञा पाते ही सब वानर उन फलों पर इस प्रकार टूट पड़े जैसे लूट का माल हो। अपनी क्षुधा निवारण कर फिर कुछ देर आराम कर वे सब सुग्रीव के पास पहुँचे और उनसे सारा वृतान्त कहा।

- सीता का संदेश देना - सुन्दरकाण्ड

समस्त वृतान्त सुनने के पश्चात् सुग्रीव सभी आगत वानरों सहित विचित्र कानों से सुशोभित प्रस्रवण पर्वत पर श्री रामचन्द्र जी के पास गये। करबद्ध हनुमान ने रामचन्द्र जी को सीता जी का समाचार देते हुए विनयपूर्वक कहा, प्रभो! रावण ने जानकी जी को क्रूर राक्षसियों के पहरे में रख छोड़ा है जो उन्हें नित्य नई-नई विधियों से त्रास देती हैं और उनका अपमान करती हैं। यह सब कुछ मैंने स्वयं देखा है। वे केवल आपके दर्शनों की आशा पर ही जीवित रह कर यह दुःख और अपमान सहन कर रही हैं। उधर रावण निरन्तर उनके पीछे पड़ा हुआ है। वे अपने सतीत्व की रक्षा के लिये सदा भयभीत रहती हैं।

इतना कह कर हनुमान ने सीता के द्वारा दी गई दिव्य चूड़ामणि श्री रामचन्द्र जी को देते हुये कहा, नाथ! मैंने उन्हें आपका संदेश सुना कर आपकी मुद्रिका दे दी थी। उन्होंने यह अपनी निशानी आपको देने के लिये दी है।सीता का संदेश पाकर श्री राम अत्यन्त प्रसन्न हुये और उन्होंने उठ कर पवनसुत को अपने हृदय से लगा लिया। वे बोले, हे अंजनीकुमार! सीता का संदेश मुझे विस्तारपूर्वक सुनाओ। उसे सुनने के लिये मेरा हृदय व्याकुल हो रहा है।

राम का आदेश पाकर हनुमान कहने लगे, हे राघव! वे दिन-रात आपका ही स्मरण करती रहती हैं। उनके नेत्रों के समक्ष केवल आपकी छवि रहती है। उन्होंने सन्देश भेजा है कि रावण ने मुझे दो मास की अवधि दी है। इस अवधि में आप मुझे उसके हाथों से अवश्य मुक्त करा लें। यदि इन दो मासों में आप मुझे मुक्त न करा सके तो मैं अपने प्राण त्याग दूँगी। आप तीनों लोकों को जीतने की सामर्थ्य रखते हैं और आपकी अपूर्व क्षमता में मुझे अटल विश्वास है। रावण को परास्त करना आपके लिये कोई कठिन काम नहीं है। अतएव शीघ्र आकर इस दासी को बन्धन से मुक्त कराइये।

पवनसुत की बात सुनकर तथा उस दिव्य चूड़ामणि को देख कर श्री रामचन्द्र शोकसागर में डूब गये और उनके नेत्रों से अश्रुधारा प्रवाहित हो चली। फिर कुछ संयम रख कर वे सुग्रीव से बोले, हे वानराधिपति! जिस प्रकार दिन भर की बिछुड़ी हुई कपिला गौ अपने बछड़े की

आहट पाकर उससे मिलने के लिया आकुल हो जाती है, उसी प्रकार इस दिव्य मणि को पाकर मेरा मन सीता से मिलने के लिये अधीर हो उठा है। उसकी कष्ट की गाथाओं को सुनकर मेरा हृदय और भी विचलित हो गया है। मुझे विश्वास है कि यदि सीता एक मास भी रावण से अपनी रक्षा करती हुई जीवित रह सकी तो मैं उसे अवश्य बचा लूँगा। मैं उसके बिना अधिक दिन तक जीवित नहीं रह सकता। तुम मुझे शीघ्र लंका ले चलने की व्यवस्था करो। अपनी सेना को तत्काल तैयार होने की आज्ञा दो। अब मेरे बाण रावण के प्राण लेने के लिये तरकस में अकुला रहे हैं। अब वह दिन दूर नहीं हैं जब जानकी और सारा संसार रावण को सपरिवार मेरे बाणों के रथ पर बैठ कर यमलोक को जाता देखेंगे।

- ॥वाल्मीकि रामायण सुन्दरकाण्ड समाप्त॥